莫莫熊
婴幼儿养育课程
托育游戏化活动设计

孙云霞 著

中国纺织出版社有限公司

图书在版编目（CIP）数据

莫莫熊婴幼儿养育课程：托育游戏化活动设计 / 孙
云霞著. -- 北京：中国纺织出版社有限公司, 2024.
12. -- ISBN 978-7-5229-2393-2

Ⅰ. G613

中国国家版本馆CIP数据核字第2024Q8C941号

责任编辑：李凤琴　　责任校对：王蕙莹　　责任印制：储志伟

中国纺织出版社有限公司出版发行

地址：北京市朝阳区百子湾东里A407号楼　邮政编码：100124

销售电话：010—67004422　传真：010—87155801

http://www.c-textilep.com

中国纺织出版社天猫旗舰店

官方微博 http://weibo.com/2119887771

北京华联印刷有限公司印刷　各地新华书店经销

2024年12月第1版第1次印刷

开本：710×1000　1/16　印张：25

字数：265千字　定价：98.00元

编委会名单

顾　　问：高　英

编　　委：钟　晶　周锡梅　杨玉琪　庄　倩　殷已晴

插图绘制人员名单

侯初妍　王歆悦　何轶可　邢益晴　马恺遥　马恺逸

李自省　苏钰尧　王姝予　王倾荷　闫凤霖　花涵梦

张恺生　张舒艺　张舒莜　马怡辰　李一哲　彭浩源

彭浩霖　庄济谦　廖敏妍　苏若淼

序言

　　这本托育课程来自深圳北理莫斯科大学附属幼儿园、深北莫托育中心托幼一体化创新模式丰富而扎实的实践。书中精选出来的托育游戏化活动课程，既展示了老师们托育教育的多样性和专业性，更展示了他们对孩子的爱。

　　当今社会，托育服务不仅是家庭的需求，更是社会发展的重要组成部分。随着现代生活节奏的加快和教育观念的更新，父母们越来越需要专业的托育机构来照顾和教育他们的孩子。一本优质的托育活动课程，不仅能为托育行业的发展提供实践指导，还能够为家长育儿提供宝贵的参考。

　　这一系列具有代表性的活动课程，覆盖了 1 ~ 3 岁的年龄段，涉及艺术与表达、自然与科学、游戏与认知、运动与健康、劳动与生活五个关键领域。每个课程都详细记录了活动的设计思路、实施过程以及儿童的发展变化，力求为读者提供一个全面、立体的视角。

　　希望这些活动课程的分享，能够启发更多的托育工作者和家长，共同探索和实践更有效的托育方法。同时，也期待这些活动能够成为托幼教育服务交流的平台，促进行业内的知识共享和经验交流，推动整个行业的进步，为孩子们创造一个更加健康、快乐和富有启发性的成长环境。

2024 年 12 月于深圳

CONTENTS

目录

上　篇　1~2岁

第一辑　艺术与表达

游戏 1：手指画　　　　　　004

游戏 2：涂鸦　　　　　　　005

游戏 3：撕纸　　　　　　　006

游戏 4：拼贴画　　　　　　007

游戏 5：自然拓印　　　　　008

游戏 6：气泡膜画　　　　　009

游戏 7：脚印画　　　　　　010

游戏 8：水枪画　　　　　　011

游戏 9：玩黏土　　　　　　012

游戏 10：树枝彩虹　　　　 013

游戏 11：海绵画　　　　　 014

游戏 12：自然画笔　　　　 015

游戏 13：彩泥积木　　　　 016

游戏 14：气球画　　　　　 017

游戏 15：纸巾晕染　　　　 018

游戏 16：敲敲打打　　　　 019

游戏 17：体验《合拢放开》 020

游戏 18：拨浪鼓　　　　　 021

游戏 19：小鼓手　　　　　 022

游戏 20：幸福拍手　　　　 023

游戏 21：身体拍拍拍　　　 024

游戏 22：体验《吹泡泡》　 025

游戏 23：跟唱《小星星》　 026

游戏 24：拔萝卜　　　　　 027

游戏 25：跟唱《小兔子乖乖》 028

游戏 26：体验《问好歌》　 029

游戏 27：节奏游戏　　　　 030

游戏 28：我的小手　　　　 031

游戏 29：聆听《沙沙沙》　 032

游戏 30：飞舞的纱巾　　　 033

游戏 31：我说你做　　　　 034

游戏 32：认识我自己　　　 035

游戏 33：在哪里　　　　　 036

游戏 34：我喜欢你　　　　 037

游戏 35：认识表情　　　　 038

游戏 36：谁来了　　　　　 039

第二辑　自然与科学

游戏 1：水的游戏　042　　游戏 19：磁铁的秘密　060

游戏 2：植物生长　043　　游戏 20：声音实验室　061

游戏 3：玩沙　044　　游戏 21：认识颜色　062

游戏 4：天气预报　045　　游戏 22：认识形状　063

游戏 5：吹泡泡　046　　游戏 23：认识数字　064

游戏 6：影子游戏　047　　游戏 24：认识交通工具　065

游戏 7：认识动物　048　　游戏 25：认识植物　066

游戏 8：月亮的变化　049　　游戏 26：认识水果　067

游戏 9：风车　050　　游戏 27：玩气球　068

游戏 10：美丽的花朵　051　　游戏 28：会滚的物体　069

游戏 11：感官探索箱　052　　游戏 29：感受温度　070

游戏 12：颜色魔法瓶　053　　游戏 30：认识蔬菜　071

游戏 13：彩虹泡泡　054　　游戏 31：沉浮实验　072

游戏 14：追影子游戏　055　　游戏 32：颜色变变变　073

游戏 15：自然声音音乐会　056　　游戏 33：自然收集　074

游戏 16：神奇的冰块　057　　游戏 34：软和硬　075

游戏 17：风的力量　058　　游戏 35：水的溶解　076

游戏 18：水不见了　059　　游戏 36：树叶小船　077

第三辑　游戏与认知

游戏 1：认识红色　080　　游戏 8：寻宝行动　087

游戏 2：哪两个是一样的　081　　游戏 9：是谁在跳舞　088

游戏 3：大球和小球　082　　游戏 10：跳跳乐　089

游戏 4：动物照相　083　　游戏 11：打开小魔瓶　090

游戏 5：彩虹雨　084　　游戏 12：小猫找老鼠　091

游戏 6：小猫捉鱼　085　　游戏 13：小兔拔萝卜　092

游戏 7：会翻跟斗的小熊　086　　游戏 14：找大挂图　093

游戏 15：图书捉迷藏　　094　　　游戏 26：小蝌蚪找妈妈　　105

游戏 16：袜子配对　　　　095　　　游戏 27：小小探险家　　　106

游戏 17：捉迷藏　　　　　096　　　游戏 28：奇妙的触感　　　107

游戏 18：汽车嘀、嘀、嘀　097　　　游戏 29：有趣的哈哈镜　　108

游戏 19：他的帽子在这里　098　　　游戏 30：找影子　　　　　109

游戏 20：找玩具　　　　　099　　　游戏 31：翻翻瓶盖　　　　110

游戏 21：袋中寻宝　　　　100　　　游戏 32：捉小鱼小虾　　　111

游戏 22：可爱的兔子　　　101　　　游戏 33：小小饲养员　　　112

游戏 23：小小送货员　　　102　　　游戏 34：音乐盒探险　　　113

游戏 24：幸运转转乐　　　103　　　游戏 35：图形变变变　　　114

游戏 25：找卡片　　　　　104　　　游戏 36：我的表情　　　　115

第四辑　运动与健康

游戏 1：物品捉迷藏　　　118　　　游戏 17：照镜子　　　　　134

游戏 2：滚小球　　　　　119　　　游戏 18：健康的宝宝　　　135

游戏 3：我喜欢的玩具　　120　　　游戏 19：蚂蚁爬爬　　　　136

游戏 4：购物小推车　　　121　　　游戏 20：舒服的枕垫　　　137

游戏 5：变大变小　　　　122　　　游戏 21：天天锻炼身体好　138

游戏 6：小动物走路　　　123　　　游戏 22：爬爬乐　　　　　139

游戏 7：小车钻隧道　　　124　　　游戏 23：我是小小"不倒翁"　140

游戏 8：拾秋　　　　　　125　　　游戏 24：在哪里　　　　　141

游戏 9：小白兔的聚会　　126　　　游戏 25：扭动发声玩具　　142

游戏 10：小猴子摘香蕉　　127　　　游戏 26：种蘑菇　　　　　143

游戏 11：气球碰碰碰　　　128　　　游戏 27：捡水果　　　　　144

游戏 12：我的小脚丫　　　129　　　游戏 28：在操场上玩　　　145

游戏 13：一、二、三，贴　130　　　游戏 29：好玩的滑滑梯　　146

游戏 14：上下楼梯　　　　131　　　游戏 30：走走跑跑　　　　147

游戏 15：跳跳糖　　　　　132　　　游戏 31：醒醒，睡睡　　　148

游戏 16：趣玩沙　　　　　133　　　游戏 32：趣味手球　　　　149

游戏 33：踩沙子　　　　　　　　150　　游戏 35：枕头与软垫的奇妙之旅　152

游戏 34：宝宝爱干净　　　　　　151　　游戏 36：荡秋千　　　　　　　　153

第五辑　劳动与生活

游戏 1：我会叠毛巾　　　　　　156　　游戏 19：我是小司机　　　　　175

游戏 2：宝宝分糖果　　　　　　157　　游戏 20：拉车小能手　　　　　176

游戏 3：宝宝自己会喝水　　　　158　　游戏 21：小娃娃穿衣服　　　　177

游戏 4：宝宝想尿尿　　　　　　159　　游戏 22：我的小书包　　　　　178

游戏 5：宝宝上厕所　　　　　　160　　游戏 23：袜子对对碰　　　　　179

游戏 6：神秘套娃　　　　　　　161　　游戏 24：我的水杯在这里　　　180

游戏 7：积木快集合　　　　　　162　　游戏 25：神奇的回力车　　　　181

游戏 8：帮小狗找物品　　　　　163　　游戏 26：印小手印　　　　　　182

游戏 9：帮小动物找朋友　　　　164　　游戏 27：爱整洁　　　　　　　183

游戏 10：我们都是好朋友　　　　165　　游戏 28：大哥哥小弟弟　　　　184

游戏 11：我的小娃娃　　　　　167　　游戏 29：我的小手印　　　　　185

游戏 12：我的小书包　　　　　168　　游戏 30：小手真好玩　　　　　186

游戏 13：我的小毛巾　　　　　169　　游戏 31：小手真有用　　　　　187

游戏 14：玩具放哪里　　　　　170　　游戏 32：照顾娃娃　　　　　　188

游戏 15：一起打电话　　　　　171　　游戏 33：小小手　　　　　　　189

游戏 16：舒服的毛巾被　　　　172　　游戏 34：小手拍拍　　　　　　191

游戏 17：宝宝自己睡　　　　　173　　游戏 35：我的小手印　　　　　192

游戏 18：有趣的小茶杯　　　　174　　游戏 36：小小梳子　　　　　　193

下　篇　2~3岁

第一辑　艺术与表达

游戏 1：水果拓印画　　　　　　198　　游戏 3：认识曲线　　　　　　200

游戏 2：认识直线　　　　　　　199　　游戏 4：泡泡画　　　　　　　201

游戏 5：拼贴画 202　　　游戏 21：欣赏《森林狂想曲》 218

游戏 6：手指创意画 203　　　游戏 22：创编《两只老虎》 219

游戏 7：自由涂鸦 204　　　游戏 23：《我的小手》创编游戏 220

游戏 8：折纸 205　　　游戏 24：创编《身体音阶歌》 221

游戏 9：找颜色 206　　　游戏 25：听音乐传球 222

游戏 10：涂色游戏 207　　　游戏 26：音乐故事 223

游戏 11：漂亮的相框 208　　　游戏 27：感知《开始和停止》 224

游戏 12：感官瓶 209　　　游戏 28：大雨小雨 225

游戏 13：情绪面具 210　　　游戏 29：T 台走秀 226

游戏 14：美丽的布 211　　　游戏 30：体验《碰碰舞》 227

游戏 15：贴图画 212　　　游戏 31：我会讲故事 228

游戏 16：音乐小路 213　　　游戏 32：悄悄话 229

游戏 17：认识奥尔夫乐器 214　　　游戏 33：打电话游戏 230

游戏 18：小小演奏家 215　　　游戏 34：创编《小熊找家》 231

游戏 19：找朋友 216　　　游戏 35：看谁学得像 232

游戏 20：音乐椅子 217　　　游戏 36：我有什么 233

第二辑　自然与科学

游戏 1：水的沉浮 236　　　游戏 12：种子成长记 247

游戏 2：神奇的水宝宝 237　　　游戏 13：昆虫世界 248

游戏 3：水循环 238　　　游戏 14：太阳与影子 249

游戏 4：消失的水 239　　　游戏 15：光影故事 250

游戏 5：晴天和雨天 240　　　游戏 16：认识云朵 251

游戏 6：小小气象员 241　　　游戏 17：声音的传播 252

游戏 7：小雨滴的旅行 242　　　游戏 18：土壤的秘密 253

游戏 8：彩虹水实验 243　　　游戏 19：什么动物叫 254

游戏 9：好玩的传声筒 244　　　游戏 20：火山爆发 255

游戏 10：找长短 245　　　游戏 21：月亮的变化 256

游戏 11：寻找东西 246　　　游戏 22：有趣的风 257

游戏 23：观察鹦鹉   258   游戏 30：大树的故事   265

游戏 24：互不理睬的气球   259   游戏 31：会跳舞的盐   266

游戏 25：会变色的花   260   游戏 32：静电实验   267

游戏 26：磁铁寻宝   261   游戏 33：磁力小车   268

游戏 27：有趣的不倒翁   262   游戏 34：水的折射   269

游戏 28：自制泡泡水   263   游戏 35：不会湿的纸巾   270

游戏 29：四季变化   264   游戏 36：水的探索   271

第三辑　游戏与认知

游戏 1：小小快递员   274   游戏 19：套圈圈   292

游戏 2：认识物品   275   游戏 20：小蛇吃东西   293

游戏 3：神秘物品   276   游戏 21：气味大发现   294

游戏 4：朋友配对   277   游戏 22：男生和女生   295

游戏 5：拼拼乐   278   游戏 23：软的和硬的   296

游戏 6：救小动物   279   游戏 24：小动物缺了什么   297

游戏 7：买东西   280   游戏 25：交通工具大变身   298

游戏 8：小动物在哪里   281   游戏 26：猜猜我在做什么   299

游戏 9：积木排队   282   游戏 27：身体游戏   300

游戏 10：串珠子   283   游戏 28：什么不见了   301

游戏 11：大家来排队   284   游戏 29：玩具分类   302

游戏 12：奇怪的放大镜   285   游戏 30：拼图游戏   303

游戏 13：我在做什么   286   游戏 31：颜色大小对对配   304

游戏 14：小小建筑师   287   游戏 32：五官对对碰   305

游戏 15：套娃   288   游戏 33：生日派对   306

游戏 16：小动物的座位   289   游戏 34：小手小脚动一动   307

游戏 17：小猪盖房子   290   游戏 35：手指游戏   308

游戏 18：有趣的积木   291   游戏 36：十个手指头   309

第四辑　运动与健康

游戏 1：拍皮球　　　　312　　　游戏 19：滑滑梯　　　　330

游戏 2：光脚丫　　　　313　　　游戏 20：跷跷板　　　　331

游戏 3：猫捉老鼠　　　314　　　游戏 21：我爱运动　　　332

游戏 4：好玩的球　　　315　　　游戏 22：打保龄球　　　333

游戏 5：踢足球　　　　316　　　游戏 23：请你跟我这样做　334

游戏 6：袋鼠跳　　　　317　　　游戏 24：躲猫猫　　　　335

游戏 7：乌龟爬　　　　318　　　游戏 25：开火车　　　　336

游戏 8：钻山洞　　　　319　　　游戏 26：过马路　　　　337

游戏 9：双脚跳　　　　320　　　游戏 27：认识医生　　　338

游戏 10：扔沙包　　　　321　　　游戏 28：认识警察　　　339

游戏 11：小熊过桥　　　322　　　游戏 29：认识消防员　　340

游戏 12：推小车　　　　323　　　游戏 30：认识急救电话　341

游戏 13：跳房子　　　　324　　　游戏 31：小动物做运动　342

游戏 14：小球滚滚乐　　325　　　游戏 32：爱护牙齿　　　343

游戏 15：上楼梯　　　　326　　　游戏 33：宝宝爱干净　　344

游戏 16：抛接球　　　　327　　　游戏 34：小熊看牙医　　345

游戏 17：快乐传球　　　328　　　游戏 35：讲卫生　　　　346

游戏 18：欢乐彩虹伞　　329　　　游戏 36：小熊生病了　　347

第五辑　劳动与生活

游戏 1：你好，再见　　350　　　游戏 8：认识班级物品　　357

游戏 2：讲礼貌　　　　351　　　游戏 9：送玩具回家　　　358

游戏 3：我不哭了　　　352　　　游戏 10：看图做动作　　　359

游戏 4：宝宝的一天　　353　　　游戏 11：书包排队　　　　360

游戏 5：玩玩具　　　　354　　　游戏 12：我是小能手　　　361

游戏 6：给玩具洗澡　　355　　　游戏 13：穿衣服　　　　　362

游戏 7：图书的家　　　356　　　游戏 14：穿裤子　　　　　363

游戏 15：整理床铺　　　364　　游戏 26：叠毛巾　　　　375

游戏 16：洗毛巾　　　　365　　游戏 27：吃点心　　　　376

游戏 17：搬椅子　　　　366　　游戏 28：洗手　　　　　377

游戏 18：擦桌子　　　　367　　游戏 29：漱口　　　　　378

游戏 19：大扫除　　　　368　　游戏 30：上厕所　　　　379

游戏 20：穿袜子　　　　369　　游戏 31：洗脸　　　　　380

游戏 21：穿鞋子　　　　370　　游戏 32：擦鼻涕　　　　381

游戏 22：脱上衣　　　　371　　游戏 33：宝宝放学了　　382

游戏 23：脱裤子　　　　372　　游戏 34：宝宝睡觉了　　383

游戏 24：脱鞋子　　　　373　　游戏 35：宝宝起床了　　384

游戏 25：脱袜子　　　　374　　游戏 36：健康饮食　　　385

上 篇

1~2 岁

艺术与表达

发展目标

- 提供丰富多样的艺术材料，引导幼儿随意涂鸦、捏揉，初步感受艺术创作的乐趣，激发表达欲望。
- 播放轻柔、欢快的音乐，鼓励幼儿随着节奏摇摆身体，用简单的动作表达对音乐的感受。
- 通过日常对话，指认常见物品并说出名称，培养初步的语言表达能力。

游戏 1：手指画

游戏经验

用手指蘸取颜料进行压印，并创造出不同的图形。

游戏准备

1. 游戏材料：手指颜料、画纸、调色盘、抹布。

2. 游戏人数：3~5 人。

3. 游戏时长：5 分钟。

游戏方法

1. 通过谜语，引入手指话题，激发幼儿兴趣。如"五个兄弟，住在一起，名字不同，高矮不齐"。

2. 引导幼儿观察自己的手指，讨论手指的形状、大小及纹路的不同。

3. 教师示范如何用手指蘸取颜料，在纸上轻轻按压形成指印。

4. 鼓励幼儿大胆尝试，用手指印出不同的图形。

游戏延伸

邀请家长参与手指画活动，与幼儿共同完成一幅作品，增进亲子关系。

观察建议

幼儿对手指画活动的兴趣程度及参与的积极性。

游戏 2：涂鸦

游戏经验

鼓励幼儿自由发挥想象力，创造独特的图案和形象。

游戏准备

1. 游戏材料：油画棒、画纸。
2. 游戏人数：3~5 人。
3. 游戏时长：5 分钟。

游戏方法

1. 教师展示涂鸦工具和材料，简单介绍使用方法。

2. 教师示范如何握笔、如何涂鸦，展示简单的涂鸦作品。

3. 幼儿自由选择涂鸦工具和纸张，开始自由涂鸦。

游戏延伸

将涂鸦作品与其他手工材料结合，制作成立体的手工作品。

观察建议

幼儿对涂鸦活动的兴趣和参与度，是否愿意主动尝试和表达。

游戏 3：撕纸

游戏经验

学习撕纸，促进幼儿手部小肌肉的发展。

游戏准备

1. 游戏材料：不同材质的彩色纸张、托盘。
2. 游戏人数：2~4 人。
3. 游戏时长：5 分钟。

游戏方法

1. 教师用生动的语言向幼儿介绍撕纸活动，展示不同颜色的纸张，吸引幼儿的兴趣。

2. 教师示范如何撕纸，双手的拇指和食指紧捏纸张，慢慢撕下长条或小块，同时用夸张的动作和语言吸引幼儿的注意。

3. 幼儿自由撕纸，创造出自己喜欢的形状和图案。

游戏延伸

提供胶水或双面胶等辅助工具，让幼儿在拼贴过程中进一步发挥想象力和创造力。

观察建议

幼儿撕纸时手部动作是否协调，能否有意识控制撕纸的力度和方向。

游戏 4：拼贴画

游戏经验

鼓励幼儿发挥想象，将不同颜色和形状的纸片组合成自己想象中的画面。

游戏准备

1. 游戏材料：不同材质、不同形状的纸片、画纸、胶棒。

2. 游戏人数：3~4 人。

3. 游戏时长：5 分钟。

游戏方法

1. 通过展示拼贴画作品，引导幼儿观察，激发他们的创作兴趣。

2. 教师示范如何在画纸上涂抹胶水，并粘贴彩色纸片。

3. 给每位幼儿提供纸片和画纸，让他们自由发挥，创作自己的拼贴画。

游戏延伸

根据不同的节日或季节，设定特定的主题，如动物世界、四季变换等，引导幼儿围绕主题创作拼贴画。

观察建议

幼儿粘贴纸片时手部动作的稳定性和协调性。

游戏 5：自然拓印

游戏经验

鼓励幼儿使用不同的自然材料进行拓印，激发其创造力和想象力。

游戏准备

1. 游戏材料：自然材料（树叶、花朵、草等），画纸、颜料、托盘。
2. 游戏人数：3~4 人。
3. 游戏时长：5 分钟。

游戏方法

1. 向幼儿展示准备好的自然材料和颜料，介绍活动内容——自然拓印。
2. 引导幼儿观察自然材料的形状、颜色和纹理，激发他们的好奇心。
3. 教师示范如何选取一个自然材料蘸取适量颜料，轻轻按压在纸张上，形成拓印效果。
4. 鼓励幼儿尝试自己选取自然材料，并蘸取颜料进行拓印。

游戏延伸

组织幼儿到户外进行自然观察，收集更多的自然材料用于拓印活动。

观察建议

幼儿能否准确地将自然材料按压在纸张上。

游戏 6：气泡膜画

游戏经验

通过触摸气泡膜，增强幼儿的触觉感知能力。

游戏准备

1. 游戏材料：气泡膜、颜料、托盘。

2. 游戏人数：2~4人。

3. 游戏时长：5分钟。

游戏方法

1. 向幼儿展示气泡膜和颜料，简单介绍活动内容和注意事项。

2. 教师示范如何用手指蘸取颜料，然后轻轻按压在气泡膜上，观察气泡被按压后产生的色彩变化。

3. 引导幼儿探索不同的按压方式和力度，观察气泡膜上产生的不同图案和色彩效果。

4. 当气泡膜上布满色彩后，可以轻轻地将纸张覆盖在气泡膜上，用手轻轻按压，使颜料转移到纸张上。

5. 揭开纸张，展示气泡膜画的效果，让幼儿感受色彩和图案的转移过程。

游戏延伸

引导幼儿尝试将不同颜色的颜料混合在一起，观察并描述混合后的色彩变化。

观察建议

幼儿在按压气泡膜时手指的灵活性和控制力，是否能准确地进行按压操作。

游戏 7：脚印画

游戏经验

感受自己身体的部分，以及在艺术创作中的独特作用。

游戏准备

1. 游戏材料：安全颜料、托盘、大白纸、纸巾。

2. 游戏人数：5~6 人。

3. 游戏时长：8 分钟。

游戏方法

1. 地面铺好大白纸，颜料倒入托盘中放在一旁。

2. 教师示范将自己的脚涂上颜料，然后轻轻踩在纸张上，留下一个清晰的脚印。

3. 让幼儿尝试将自己的脚蘸入不同颜色的颜料中，然后踩在纸张上留下脚印。

4. 鼓励幼儿多尝试几种颜色，并尝试不同的踩踏方式和力度，观察脚印的变化。

游戏延伸

在完成脚印画后，可以引导幼儿尝试手印画，将手印和脚印结合起来创作更丰富的画面。

观察建议

幼儿在创作过程中是否对自己的脚产生新的认识和感知。

游戏 8：水枪画

游戏经验

通过水枪喷射水与颜料的混合，增强幼儿对水流和色彩的感官体验。

游戏准备

1. 游戏材料：水枪、颜料、塑料布、画布、水桶。

2. 游戏人数：5~6 人。

3. 游戏时长：5 分钟。

游戏方法

1. 教师示范如何用水枪吸取颜料水，并轻轻喷射在纸张上，展示色彩喷射的效果。

2. 让幼儿尝试自己用水枪吸取颜料水，并在画布上自由喷射。

3. 鼓励幼儿尝试不同的喷射方式和角度，观察色彩在纸张上的扩散和混合效果。

游戏延伸

在水枪画的基础上，加入一些自然材料（如树叶、花瓣等），让幼儿尝试用水枪喷射颜料水覆盖这些材料，创作出更具层次感的画面。

观察建议

幼儿对色彩混合的兴趣和反应，是否能初步认识和理解色彩的变化。

游戏 9：玩黏土

游戏经验

通过触摸和捏揉面团土，增强幼儿的触觉感知能力。

游戏准备

1. 游戏材料：彩色黏土、模具。
2. 游戏人数：2~4 人。
3. 游戏时长：5 分钟。

游戏方法

1. 引导幼儿先触摸和感受黏土的质地，鼓励他们描述自己的感受（如软、滑、黏等）。

2. 让幼儿自由尝试捏、揉、搓面团土，体验不同的触感变化。

3. 鼓励幼儿尝试用手掌压平粘土，或用手指戳出小洞，创造简单的形状。

4. 引导幼儿将黏土放入模具中，轻轻按压后取出，观察形成的形状。

游戏延伸

在黏土中加入一些自然材料，如小石子、干花等，增加作品的层次感和趣味性。

观察建议

幼儿在触摸和捏揉面团土时的表情和动作，判断他们是否对不同的触感有反应。

游戏 10：树枝彩虹

游戏经验

认识彩虹的颜色，增强对自然的认识和兴趣。

游戏准备

1. 游戏材料：树枝、颜料、海绵棒、托盘。

2. 游戏人数：4~5 人。

3. 游戏时长：5 分钟。

游戏方法

1. 通过图片或视频展示彩虹，让幼儿认识彩虹和彩虹的颜色。

2. 教师示范用海绵棒将颜料均匀涂抹在树枝上。

3. 让幼儿自己挑选喜欢的树枝和颜色，开始创作。

游戏延伸

组织户外活动，引导幼儿在大自然中寻找如彩虹般颜色的事物，如花朵、果实等，进一步加深对色彩的认知和兴趣。

观察建议

幼儿在游戏中的兴趣和参与度以及在创作过程中的创意和想象力表现。

游戏 11：海绵画

游戏经验

通过触摸和挤压海绵，增强幼儿的触觉感知能力。

游戏准备

1. 游戏材料：海绵、颜料、画纸、托盘。

2. 游戏人数：2~4 人。

3. 游戏时长：5 分钟。

游戏方法

1. 教师将颜料倒入托盘中，画纸铺在桌面上。

2. 教师示范如何使用海绵蘸取颜料，通过轻压和拖动技巧在画纸上进行绘画。

3. 让幼儿自由选择喜欢的颜色和海绵形状，开始在画纸上进行创作。

4. 引导幼儿尝试不同的绘画方式，如轻压、拖动、旋转等，以创造出丰富的图案和效果。

游戏延伸

利用海绵的不同形状，引导幼儿认识和理解基本的几何形状，并在绘画中运用这些形状创作出不同的图案。

观察建议

幼儿在使用海绵时的手部动作和表情，以及他们对触觉的感知和反应。

游戏 12：自然画笔

游戏经验

制作自然画笔，激发幼儿对自然材料的兴趣和探索欲。

游戏准备

1. 游戏材料：自然材料（干净、无刺、易抓握），颜料、托盘、画纸。

2. 游戏人数：3~5 人。

3. 游戏时长：5 分钟。

游戏方法

1. 教师带幼儿收集一些自然材料，将树枝截成长短粗细相等的形状，作为笔杆；将树叶、花瓣等用绳子固定在树枝上，作为笔刷。

2. 教师示范蘸取颜料并在画纸上进行绘画。

3. 教师强调握持树枝的方式和绘画时的力度控制，引导幼儿感受自然材料与画纸接触时的不同效果。

4. 幼儿选择自己喜欢的自然画笔，在纸上自由创作。

5. 引导幼儿尝试不同的绘画方式，如轻点、拖动、旋转等，以创造出丰富的纹理和图案。

游戏延伸

带幼儿到户外进行创作，利用自然环境中的树枝和其他自然材料，进行更大规模的艺术创作。

观察建议

幼儿使用自然材料和绘画活动的兴趣程度和喜好程度。

游戏 13：彩泥积木

游戏经验

学习揉、捏、搓、压彩泥，增强幼儿对手部触觉的感知和体验。

游戏准备

1. 游戏材料：彩色黏土、积木、模具、托盘。

2. 游戏人数：3~5 人。

3. 游戏时长：5 分钟。

游戏方法

1. 教师向幼儿展示彩色黏土，并简单介绍玩法，激发幼儿的兴趣。

2. 教师示范如何揉、捏、搓、压彩泥，让幼儿模仿并尝试。

3. 鼓励幼儿感受彩泥的柔软和可塑性，自由发挥创作。

4. 引导幼儿发挥创意与想象力，用彩色黏土装饰积木。

游戏延伸

结合形状模具和彩泥，帮助幼儿认识和学习不同的形状名称和特征。

观察建议

幼儿在揉、捏、搓、压彩色黏土时的手部动作和协调性。

游戏 14：气球画

游戏经验

触摸和挤压气球，产生独特的图案，激发创造力。

游戏准备

1. 游戏材料：气球、颜料、托盘、画纸。

2. 游戏人数：2~4 人。

3. 游戏时长：5 分钟。

游戏方法

1. 教师示范如何将气球蘸取颜料并在画纸上滚动，创造出图案。

2. 强调握持气球的方式和滚动时的力度控制，引导幼儿感受气球与画纸接触时的不同效果。

3. 让幼儿自由选择喜欢的颜色和气球，开始在画纸上进行创作。

4. 引导幼儿尝试不同的滚动方式，如直线滚动、圆圈滚动、斜线滚动等，以创造出丰富的图案。

游戏延伸

结合其他工具，如纸板剪出的形状，在画纸上创造出特定的形状或图案。

观察建议

幼儿在创作过程中的创意和想象力表现。

游戏 15: 纸巾晕染

游戏经验

通过纸巾晕染的过程，让幼儿初步接触和认识不同的颜色，体验色彩混合的乐趣。

游戏准备

1. 游戏材料：纸巾、颜料、滴管、托盘。

2. 游戏人数：4~5 人。

3. 游戏时长：5 分钟。

游戏方法

1. 教师示范如何使用滴管将颜料滴在纸巾上，并展示纸巾晕染的效果。

2. 让幼儿自由选择喜欢的颜色，使用滴管将颜料滴在纸巾上。

3. 引导幼儿观察颜料在纸巾上扩散和融合的过程，可以轻轻折叠纸巾以改变色彩分布。

4. 鼓励幼儿尝试不同的滴加方式和折叠方法，创造出独特的晕染效果。

游戏延伸

将纸巾晕染画与树叶、花瓣等自然元素结合，制作成挂饰或装饰画，增加作品的层次感和趣味性。

观察建议

幼儿对纸巾上色彩扩散和融合变化的兴趣程度和表现。

游戏 16：敲敲打打

游戏经验

敲打不同物品的声音，感受音乐的节奏。

游戏准备

1. 游戏材料：木鱼、沙锤、小鼓、铃铛等乐器。

2. 游戏人数：5~6 人。

3. 游戏时长：5 分钟。

游戏方法

1. 教师播放音乐，手持敲打工具进行示范，引起幼儿兴趣。

2. 介绍各种敲打工具的名称和用途，鼓励幼儿触摸感受。

3. 幼儿自由敲打，感受不同工具发出的声音。

游戏延伸

教师播放音乐，引导幼儿跟着音乐的节奏进行敲打。

观察建议

幼儿在游戏中的参与度，对音乐节奏感的感受程度。

游戏 17：体验《合拢放开》

游戏经验

感受欢快的音乐，体验音乐游戏的乐趣。

游戏准备

1. 游戏材料：儿歌、多媒体设备、动物玩偶。

2. 游戏人数：5~8 人。

3. 游戏时长：5 分钟。

游戏方法

1. 教师播放《合拢放开》音乐，用布绒玩具或动物指偶吸引幼儿注意。

2. 教师示范歌曲中的动作，如"合拢""张开""拍一拍""爬呀爬"等，并鼓励幼儿模仿。

3. 引导幼儿模仿教师，跟着歌曲做动作。

游戏延伸

引入更多与身体部位相关的儿歌或歌曲，丰富幼儿的音乐体验和身体认知。

观察建议

幼儿在游戏中的情绪变化，是否表现出愉快和兴奋的情绪。

游戏 18：拨浪鼓

游戏经验

认识拨浪鼓和其发出的声音，感受音乐的节奏。

游戏准备

1.游戏材料：拨浪鼓、儿歌、多媒体设备。

2.游戏人数：3~4 人。

3.游戏时长：5 分钟。

游戏方法

1.教师展示拨浪鼓，激发幼儿兴趣，认识拨浪鼓发出的声音。

2.教师示范如何操作拨浪鼓，引导幼儿模仿。

3.幼儿自由探索拨浪鼓，感受使用拨浪鼓的乐趣。

4.引导幼儿用拨浪鼓敲打节奏。

游戏延伸

进行"切西瓜"游戏，边唱歌边摇拨浪鼓，感受歌曲中的"咚吧咚吧"节奏。

拨浪鼓（儿歌）

拨浪鼓，咚咚咚，宝宝走到这里来；

拨浪鼓，咚咚咚，宝宝走得一级棒。

观察建议

幼儿在游戏活动中的参与度和积极性。

游戏 19：小鼓手

游戏经验

鼓励幼儿尝试敲打小鼓，感受音乐的韵律。

游戏准备

1. 游戏材料：小鼓、鼓槌、多媒体设备。

2. 游戏人数：3~4 人。

3. 游戏时长：5 分钟。

游戏方法

1. 教师展示小鼓，让幼儿观察小鼓，引导他们触摸小鼓的表面和边缘，感受小鼓的材质和形状。

2. 教师示范如何正确握持鼓槌并敲打小鼓，同时讲解敲打的力度和节奏。

3. 鼓励幼儿尝试敲打小鼓，感受小鼓发出的声音和节奏。

4. 引导幼儿尝试用不同的力度和节奏敲打小鼓，感受声音的变化。

游戏延伸

组织幼儿进行敲打小鼓的游戏，如"跟着音乐打鼓""打鼓比赛"等，增加游戏的趣味性和互动性。

观察建议

幼儿是否能够准确握持鼓槌并敲打小鼓。

游戏 20：幸福拍手

游戏经验

通过拍手、跺脚等简单动作，发展手眼协调能力和节奏感。

游戏准备

1. 游戏材料：节奏乐器、多媒体设备。

2. 游戏人数：5~8 人。

3. 游戏时长：5 分钟。

游戏方法

1. 教师播放《幸福拍手歌》，与幼儿一起随着音乐轻轻摇摆身体，感受歌曲的欢快节奏。

2. 教师示范拍手、跺脚等简单动作，并鼓励幼儿模仿。可以边说边做："如果感到幸福你就拍拍手（拍手两下），如果感到幸福你就跺跺脚（跺脚两下）。"

3. 播放《幸福拍手歌》时，教师带领幼儿边唱边做动作。可以逐渐增加动作的复杂度，如加入拍肩、扭腰等。

游戏延伸

提供简单的节奏乐器给幼儿，让他们在播放歌曲时敲击乐器为歌曲伴奏，增加游戏的趣味性。

观察建议

幼儿在活动中的情绪变化，是否表现出愉悦、兴奋等积极情绪。

游戏 21：身体拍拍拍

游戏经验

练习拍手、拍肩、拍腿等动作，认识并熟悉自己的身体部位。

游戏准备

1. 游戏材料：多媒体设备。
2. 游戏人数：5~8 人。
3. 游戏时长：5 分钟。

游戏方法

1. 播放轻快的音乐，引导幼儿随着音乐轻轻摇摆身体，进行简单的热身运动。

2. 播放《身体拍拍拍》歌曲，教师示范歌曲中的动作，如拍手、拍肩、拍腿等，告诉幼儿这些动作对应的身体部位。

3. 引导幼儿与幼儿面对面站立，一起随着音乐做动作，增加同伴互动。

4. 鼓励幼儿尝试自己跟着音乐做动作，教师可以在旁边给予指导和鼓励。

游戏延伸

利用图片或实物模型，帮助幼儿进一步认识身体的其他部位，并尝试用动作表示出来。

观察建议

幼儿是否能随着音乐的节奏做动作，感受音乐的韵律。

游戏 22：体验《吹泡泡》

游戏经验

感受音乐的节奏和旋律，认识大和小。

游戏准备

1. 游戏材料：拉力绳、儿歌、泡泡机。

2. 游戏人数：5~8 人。

3. 游戏时长：5 分钟。

游戏方法

1. 教师播放《吹泡泡》的音乐，让幼儿熟悉歌曲的旋律和节奏。

2. 教师与幼儿手拉手围成一个圈，跟着音乐做动作。

3. 当听到"大泡泡"的时候圆圈变得越来越大，听到"小泡泡"的时候圆圈变得越来越小。

4. 教师用泡泡机放泡泡，鼓励幼儿尝试用手去触摸泡泡，感受泡泡的触感。

游戏延伸

可以一起制作泡泡水，让幼儿了解泡泡的制作过程。

吹泡泡（儿歌）

吹泡泡，吹泡泡，吹出一个大泡泡；飞得低，飞得高，大泡泡不见了。

吹泡泡，吹泡泡，吹出一个小泡泡；一个一个又一个，黏在一起像葡萄。

观察建议

幼儿是否能理解大小的概念，是否能跟随音乐的节奏做出相应的动作。

游戏 23：跟唱《小星星》

游戏经验

聆听并跟唱《小星星》，培养对音乐的感知能力。

游戏准备

1. 游戏材料：儿歌、节奏乐器、星星棒。

2. 游戏人数：5~8 人。

3. 游戏时长：5 分钟。

游戏方法

1. 使用星星棒吸引幼儿的注意力，简单介绍星星并引出歌曲《小星星》。

2. 播放歌曲《小星星》，让幼儿初步感受歌曲的旋律和节奏。

3. 教师示范唱歌曲，同时做简单的闪烁动作，引导幼儿模仿。

4. 引导幼儿用肢体动作，如手指轻轻点动或摇摆身体，表现小星星的闪烁，增强活动的趣味性。

游戏延伸

引导幼儿用画笔或彩泥等材料创作小星星或夜空的作品，培养他们的创造力和想象力。

观察建议

幼儿是否能跟随歌曲的节奏做动作或哼唱。

游戏 24：拔萝卜

游戏经验

聆听并参与《拔萝卜》的音乐活动，培养对音乐节奏和旋律的感知能力。

游戏准备

1. 游戏材料：大萝卜道具、小动物头饰、儿歌。

2. 游戏人数：5~6 人。

3. 游戏时长：5 分钟。

游戏方法

1. 教师简短讲述《拔萝卜》的故事，介绍小兔子如何邀请朋友们一起努力拔出大萝卜的情节。

2. 播放歌曲《拔萝卜》，让幼儿初步感受歌曲的旋律和节奏。

3. 教师戴上小兔子头饰，示范拔萝卜的动作，鼓励幼儿随着音乐节奏一起拔"萝卜"，可以加入简单的下蹲、站起等动作，增加趣味性。

游戏延伸

建议家长在家中也与幼儿一起进行拔萝卜的游戏或活动，如一起种植小植物，体验从播种到收获的过程，增进亲子关系。

观察建议

幼儿是否能跟随歌曲的节奏做出相应的动作。

游戏 25：跟唱《小兔子乖乖》

游戏经验

聆听并跟唱《小兔子乖乖》，培养幼儿对音乐旋律和节奏的感知能力。

游戏准备

1. 游戏材料：小兔子手偶、儿歌、多媒体设备。

2. 游戏人数：5~6人。

3. 游戏时长：5分钟。

游戏方法

1. 教师使用小兔子手偶或头饰，向幼儿介绍《小兔子乖乖》的故事背景，引起幼儿的兴趣。

2. 教师播放歌曲《小兔子乖乖》，让幼儿初步感受歌曲的旋律和节奏。

3. 引导幼儿用简单的肢体动作，如模仿小兔子跳，来表现歌曲内容，增加活动的趣味性。

游戏延伸

可以设计一些简单的互动环节，（如"大灰狼来了"，假装大灰狼出现，引导幼儿快速回到"安全小屋"），增强幼儿的警惕性和自我保护意识。

观察建议

幼儿是否尝试跟唱歌曲，对音乐活动的兴趣程度。

游戏 26：体验《问好歌》

游戏经验

学习并使用简单的问候语，促进幼儿的语言表达能力和社交技能。

游戏准备

1. 游戏材料：不同场景的图卡、儿歌、动物手偶、多媒体设备。

2. 游戏人数：4~5 人。

3. 游戏时长：5 分钟。

游戏方法

1. 教师示范唱《问好歌》，同时做简单的问候动作，如挥手、点头等。

2. 引导幼儿跟唱歌曲，鼓励幼儿尝试使用简单的问候语进行回应。

3. 播放歌曲，邀请幼儿围成一圈，随着音乐节奏做问候动作，并向左右两边的同伴问好。

游戏延伸

设计一些简单的互动游戏，如"传递微笑"，让幼儿在传递手偶或头饰的同时，用问候语相互问好。

观察建议

幼儿是否愿意并能够使用简单的问候语进行回应和交流。

游戏 27：节奏游戏

游戏经验

参与节奏游戏，锻炼幼儿的注意力，感受音乐节奏的变化。

游戏准备

1. 游戏材料：节奏乐器、多媒体设备。

2. 游戏人数：5~8 人。

3. 游戏时长：5 分钟。

游戏方法

1. 播放一段节奏感明显的音乐，教师带领幼儿做简单的热身动作，如拍手、跺脚等，让幼儿感受音乐的节奏。

2. 逐渐增加节奏的难度，如改变节奏的速度、加入不同的动作等，让幼儿逐步适应并跟上节奏。

3. 引导幼儿用乐器跟随音乐节奏进行演奏，感受不同乐器带来的节奏变化。

游戏延伸

鼓励幼儿自由发挥，创造属于自己的节奏动作，并尝试用语言表达出来。

观察建议

幼儿能否保持专注，感受音乐节奏的变化。

游戏 28：我的小手

游戏经验

认识并了解自己的小手，跟随音乐节奏做动作，培养音乐节奏感。

游戏准备

1. 游戏材料：儿歌、多媒体设备。
2. 游戏人数：5~6 人。
3. 游戏时长：5 分钟。

游戏方法

1. 教师展示自己的手，与幼儿一起观察手的形状、数量等，并介绍手的用途。

2. 播放歌曲《我的小手》，让幼儿初步感受歌曲的旋律和节奏。

3. 教师用动作辅助歌词内容的表达，如"拍拍小手""摇摇小手"等。

4. 鼓励幼儿跟着歌词做出相应的动作，加深对手指动作的理解和记忆。

游戏延伸

设计一些简单的互动环节，如"小手藏哪里"，将手藏在背后再快速伸出等，增加游戏的趣味性。

观察建议

幼儿是否能正确指认自己的小手，并理解小手的功能和用途。

游戏 29：聆听《沙沙沙》

游戏经验

聆听歌曲《沙沙沙》，培养对自然界声音的感知能力。

游戏准备

1. 游戏材料：儿歌、多媒体设备。
2. 游戏人数：4~5 人。
3. 游戏时长：5 分钟。

游戏方法

1. 教师播放一个雨天的场景或树叶在风中摇曳的视频，激发幼儿的兴趣和想象力。

2. 播放歌曲《沙沙沙》，让幼儿初步感受歌曲的旋律和节奏。

3. 引导幼儿闭上眼睛，专注地聆听歌曲，尝试分辨歌曲中的不同声音。

4. 教师示范如何用身体动作模仿雨声（如轻轻摇晃身体）和树叶摇曳（如手臂轻轻摆动）。

5. 邀请幼儿跟随歌曲的节奏，尝试模仿这些动作，感受音乐的律动。

游戏延伸

提供自然元素道具，让幼儿在道具的辅助下进行表演，增加游戏的趣味性。

观察建议

幼儿否能准确分辨歌曲中的不同声音。

游戏 30： 飞舞的纱巾

游戏经验

跟随音乐的节奏挥舞纱巾，初步培养音乐节奏感。

游戏准备

1. 游戏材料：纱巾、儿歌、多媒体设备。

2. 游戏人数：5~6 人。

3. 游戏时长：5 分钟。

游戏方法

1. 教师向幼儿展示纱巾，并简单介绍其用途和玩法。

2. 教师示范如何挥舞纱巾，如上下挥动、左右摆动、绕圈旋转等。

3. 邀请幼儿尝试模仿这些动作，感受纱巾在空中的流动和变化。

4. 播放节奏感强的音乐，引导幼儿跟随音乐的节奏挥舞纱巾。

游戏延伸

设计一些简单的动作组合，如"随着音乐快快挥""慢慢转圈停下来"等，增加游戏的趣味性和挑战性。

观察建议

幼儿在挥舞纱巾时的动作是否流畅、协调，以及身体各部位的配合情况。

游戏 31：我说你做

游戏经验

学会倾听指令并执行，培养良好的听说习惯。

游戏准备

1. 游戏材料：简单指令的图片（如拍手、点头、拿玩具等），以及小球、积木等玩具。

2. 游戏人数：2~4 人。

3. 游戏时长：5 分钟。

游戏方法

1. 教师示范，随机抽取一张图片，大声清晰地说出指令，如"拍手"。

2. 当幼儿听到指令后，模仿执行相应的动作。

3. 随着游戏的进行，逐渐增加指令的复杂性，如"把红色的球拿给我"。

4. 也可以连续给出多个指令，要求孩子按顺序执行，如"先拍手，再点头，然后拿玩具"。

游戏延伸

在日常生活中，随机给出简单的指令，如"把鞋子拿过来""把玩具放回原处"等，培养幼儿语言理解能力。

观察建议

幼儿是否能准确倾听指令，并快速做出反应。

游戏 32：认识我自己

游戏经验

学习有关自己的词汇，拓展词汇量，增强自我意识。

游戏准备

1. 游戏材料：身体部位的卡片。
2. 游戏人数：2~3 人。
3. 游戏时长：3 分钟。

游戏方法

1. 教师逐一展示身体部位的卡片，根据卡片上的内容指出对应身体的部位。

2. 引导幼儿说出卡片上的身体部位名称，并模仿指认自己的身体部位。

3. 教师鼓励幼儿回答"你叫什么名字？"和"你几岁了？"等问题。

游戏延伸

在日常生活中，鼓励幼儿遇到新朋友或家人时主动进行自我介绍。

观察建议

幼儿是否能正确指认和说出自己的身体部位。

游戏 33：在哪里

学习简单的方位词汇，提升语言交流能力。

游戏准备

1. 游戏材料：幼儿常见物品（水杯、积木、娃娃）。
2. 游戏人数：2~4 人。
3. 游戏时长：5 分钟。

游戏方法

1. 向幼儿展示所有物品，并逐一说出物品的名称，让幼儿熟悉并记住。
2. 将物品摆放在不同的位置，如桌子上、椅子下、篮子里等。
3. 教师询问幼儿："××在哪里？"如"杯子在哪里？"。
4. 鼓励幼儿观察周围的环境，指出或说出物品的位置，如"这里""那里"。

游戏延伸

在日常生活中，家长可以随时随地与幼儿进行物品寻找游戏，如"妈妈的手机在哪里？""你的鞋子在哪里？"等。

观察建议

幼儿是否能理解并正确运用简单的方位词汇，如"这里""那里"。

游戏 34：我喜欢你

游戏经验

学习并理解"我喜欢你"，促进语言发展。

游戏准备

1. 游戏材料：家庭成员或幼儿喜欢的玩具图片。

2. 游戏人数：3~5 人。

3. 游戏时长：5 分钟。

游戏方法

1. 教师向幼儿展示家庭成员或玩具的图片，引起幼儿的兴趣。

2. 教师问幼儿："你喜欢 × × 吗?"鼓励他们回答"喜欢"或"不喜欢"。

3. 当幼儿表示喜欢某个图片时，引导幼儿说出"我喜欢你"。

游戏延伸

日常生活中，家长可以与幼儿进行简单的互动游戏，如拥抱、亲吻时说出"我喜欢你"或"我爱你"。

观察建议

幼儿是否理解并正确运用"我喜欢你"。

游戏 35：认识表情

游戏经验

认识常见的表情，如快乐、伤心、生气等。

游戏准备

1. 游戏材料：表情图片、小镜子。
2. 游戏人数：2~3 人。
3. 游戏时长：5 分钟。

游戏方法

1. 教师做出快乐、伤心、生气的表情，让幼儿猜一猜是什么表情。

2. 教师展示表情图片，询问幼儿："这是什么表情？"鼓励幼儿说一说。

3. 给幼儿每人一个小镜子，模仿不同的表情，观察自己的面部变化。

游戏延伸

班级设立情绪角，让幼儿每天记录自己的情绪。

观察建议

幼儿能否识别并理解不同的表情，是否能将表情与对应的词汇相联系。

游戏 36：谁来了

游戏经验

学习并理解简单的问句和答句，如"谁来了？"和"××来了"。

游戏准备

1. 游戏材料：小动物玩偶、动物声音。

2. 游戏人数：2~5 人。

3. 游戏时长：5 分钟。

游戏方法

1. 教师引入小动物要来我们家做客的情景，播放小动物叫声的录音。

2. 教师询问幼儿："谁来了？"引导幼儿说出"××来了"。

3. 接着让幼儿在动物玩偶中找出对应的小动物。

游戏延伸

让幼儿和来做客的"小动物"玩角色扮演游戏。

观察建议

幼儿能否理解并正确使用简单的问句和答句，如"谁来了？"和"××来了"。

自然与科学

发展目标

- 带幼儿到户外接触自然，认识常见的花草树木、小动物，引导他们用眼睛观察、用手触摸，感受自然的奇妙。
- 进行简单的科学小实验，激发幼儿的好奇心，培养初步的科学认知。

游戏 1: 水的游戏

游戏经验

了解水的基本特性，如无色、无味、透明、流动性及可变形等。

游戏准备

1. 游戏材料：透明杯、滴管。
2. 游戏人数：1~4 人。
3. 游戏时长：5 分钟。

游戏方法

1. 教师将清水倒入透明容器中，引导幼儿观察水的颜色和透明度，解释水是无色且透明的。

2. 教师使用滴管将水从一个容器转移到另一个容器中，让幼儿观察水是如何流动的；鼓励幼儿尝试自己操作，感受水的流动性。

游戏延伸

引导幼儿在日常生活中寻找水的不同形态和用途，如河流、海洋、雨水、洗澡水等。

观察建议

幼儿对水的颜色、透明度、流动性等特性的理解程度。

游戏 2：植物生长

游戏经验

初步了解植物生长的基本过程，如种子发芽、生长等。

游戏准备

1. 游戏材料：植物种子、透明杯、湿润的土壤、喷壶。

2. 游戏人数：5~6 人。

3. 游戏时长：5 分钟。

游戏方法

1. 教师通过故事或图片向幼儿介绍植物生长的基本过程，激发他们的兴趣。

2. 在每个透明杯中放入适量的湿润土壤，让幼儿放入一颗种子，并轻轻覆盖上土壤。

3. 将种植好的容器放置在适合植物生长的地方，如阳光充足的窗台，引导幼儿使用浇水工具给种子浇水。

4. 教师每天与幼儿一起观察种子的变化。

游戏延伸

引导幼儿在户外寻找其他植物，观察它们的生长环境和特点。

观察建议

幼儿对植物生长过程的兴趣与参与度。

游戏 3：玩沙

游戏经验

通过触摸、堆砌、挖掘等动作，感受沙子的质地和流动性。

游戏准备

1. 游戏材料：安全无毒的细沙、玩沙工具。

2. 游戏人数：5~8 人。

3. 游戏时长：10 分钟。

游戏方法

1. 教师向幼儿展示各种玩沙工具，简单介绍它们的用途。

2. 让幼儿自由地使用玩沙工具，体验堆沙、挖沙的乐趣。

3. 鼓励幼儿尝试不同的玩法，如用模具制作沙堡、用小车运输沙子等。

游戏延伸

引导幼儿观察沙子的变化，如加水后沙子的湿润感。

观察建议

幼儿对沙子的兴趣程度和参与度。

游戏 4：天气预报

游戏经验

初步了解天气变化的概念，如晴天、雨天、阴天等。

游戏准备

1.游戏材料：天气卡片、天气模型、天气预报背景。

2.游戏人数：4~5 人。

3.游戏时长：5 分钟。

游戏方法

1.使用天气图标卡片，向幼儿展示并介绍不同的天气类型及其特点。

2.教师扮演天气预报员，手持天气图标卡片，站在背景板前进行模拟天气预报。

3.用简单的语言描述天气情况，如"今天是晴天，太阳公公出来了，我们可以出去玩"。

游戏延伸

组织户外观察活动，让幼儿亲身体验不同天气下的自然环境变化，如观察雨后的彩虹、感受阳光的炎热等。

观察建议

幼儿对天气变化的兴趣和参与度。

游戏 5：吹泡泡

游戏经验

体验吹泡泡的乐趣，观察泡泡的形状和颜色，感受泡泡的轻盈。

游戏准备

1. 游戏材料：泡泡水、吹泡泡工具。

2. 游戏人数：2~4 人。

3. 游戏时长：5-8 分钟。

游戏方法

1. 教师向幼儿展示泡泡工具和泡泡水，简单介绍如何吹泡泡。

2. 教师示范如何正确吹泡泡，确保幼儿能够模仿。

3. 让幼儿手持泡泡工具，轻轻蘸取泡泡水，然后慢慢吹气。

4. 鼓励幼儿多次尝试，直到成功吹出泡泡。

游戏延伸

制作不同形状和大小的泡泡工具，如环形、心形等，观察不同工具吹出的泡泡有何不同。

观察建议

幼儿对吹泡泡活动的兴趣和参与度。

游戏 6：影子游戏

游戏经验

初步感知光与影子的关系，了解影子产生的基本条件。

游戏准备

1. 游戏材料：手电筒、白墙、不同形状和大小的物体。

2. 游戏人数：1~4 人。

3. 游戏时长：5 分钟。

游戏方法

1. 教师通过简单的语言向幼儿介绍影子的概念，可以说："你们看，当光线照到物体上，地面上就会出现一个黑黑的、和物体形状很像的东西，那就是影子。"

2. 让幼儿手持不同形状和大小的物体，观察它们产生的影子。

游戏延伸

鼓励幼儿移动物体或改变手电筒的位置，观察影子的变化。

观察建议

幼儿对影子现象的兴趣和好奇心。

游戏 7：认识动物

游戏经验

认识并了解几种常见的动物，如小猫、小狗、小兔子等。

游戏准备

1. 游戏材料：动物卡片、动物头饰、动物叫声。

2. 游戏人数：2~4 人。

3. 游戏时长：5 分钟。

游戏方法

1. 教师出示动物卡片，介绍动物名称并简单描述特点，如"这是小猫，它喵喵叫，有软软的毛"。

2. 播放对应动物的叫声录音，让幼儿通过声音与图片进行关联。

3. 鼓励幼儿模仿动物的叫声或动作，如"小猫喵喵叫，小狗汪汪叫，小兔子蹦蹦跳跳"。

4. 提供简单的动物头饰，让幼儿选择自己喜欢的动物进行角色扮演。

游戏延伸

设计简单的游戏环节，如"找动物"，教师说出动物的名称，幼儿需要快速找到对应的卡片或图片。

观察建议

幼儿是否能准确说出动物的名称，并简单描述其特点。

游戏 8：月亮的变化

游戏经验

感知月亮形状的变化，观察月亮的不同形态。

游戏准备

1. 游戏材料：月亮的图卡。

2. 游戏人数：2~4 人。

3. 游戏时长：5 分钟。

游戏方法

1. 通过讲述简短的故事或播放动画视频，向幼儿介绍月亮姑娘每天都在变化的故事，激发他们的兴趣。

2. 在柔和的灯光下，展示月亮形状变化图卡，让幼儿感受月亮的变化。

游戏延伸

引导幼儿根据月亮进行创意绘画，培养他们的想象力和艺术表现力。

观察建议

幼儿能够通过观察并感知月亮形状的变化。

游戏 9：风车

游戏经验

通过风车在风中的转动，让幼儿初步感知风的存在及其力量。

游戏准备

1. 游戏材料：风车。
2. 游戏人数：3~5 人。
3. 游戏时长：5 分钟。

游戏方法

1. 教师让幼儿拿着风车来到户外，观察风车在风中的转动情况。

2. 引导幼儿尝试用不同的方式，如跑动、扇风等，使风车转动，并观察风车转动的速度变化。

游戏延伸

幼儿尝试用不同形状的风车，观察它们在风中的转动效果。

观察建议

幼儿在风车游戏中的投入度和积极性。

游戏 10：美丽的花朵

游戏经验

认识不同种类的花朵，了解它们的基本特征和颜色。

游戏准备

1. 游戏材料：多种花朵。

2. 游戏人数：2~4 人。

3. 游戏时长：5 分钟。

游戏方法

1. 将不同的花朵放在幼儿面前，引导他们仔细观察花朵的颜色、形状和细节。

2. 鼓励幼儿轻轻触摸花瓣，感受其质地，并尝试闻闻花朵的香味。

游戏延伸

在安全的户外环境中，带领幼儿观察真实的植物和花朵，感受大自然的美丽和多样性。

观察建议

幼儿在游戏过程中是否对花朵保持持续的兴趣和好奇心。

游戏 11：感官探索箱

游戏经验

通过触摸和探索不同的自然物品来增强感官体验。

游戏准备

1. 游戏材料：不同质地的树叶、石头、棉花球、干花等。

2. 游戏人数：3~5 人。

3. 游戏时长：5 分钟。

游戏方法

1. 将上述材料分类放置在探索箱内，确保每种材料都易于幼儿抓取和放回。

2. 教师向幼儿简单介绍探索箱，并鼓励他们逐一尝试箱内的材料。

3. 让幼儿自由触摸箱内的各种材料，感受其软硬、光滑或粗糙等特性。

游戏延伸

根据探索箱中的材料，引导幼儿进行简单的艺术创作。

观察建议

幼儿对不同感官刺激的反应，如是否表现出好奇、兴奋或排斥等情绪。

游戏 12：颜色魔法瓶

游戏经验

观察颜色变化的过程，激发幼儿对色彩世界的好奇心和探索欲。

游戏准备

1. 游戏材料：透明塑料瓶、食用色素。

2. 游戏人数：2~3 人。

3. 游戏时长：5 分钟。

游戏方法

1. 教师在每个透明塑料瓶中倒入适量的清水，加入不同颜色的色素。

2. 让幼儿观察每个瓶子中的颜色，引导他们说出颜色的名称，如红色、黄色。

3. 教师将两种颜色混合，让幼儿观察颜色的变化。

游戏延伸

使用混合后的颜色水进行手指画或涂鸦，让幼儿在艺术创作中进一步体验颜色的魅力。

观察建议

幼儿是否能准确识别并说出游戏中使用的颜色名称。

游戏 13：彩虹泡泡

游戏经验

体验泡泡的变化，促进幼儿手眼协调能力和对色彩的感知能力。

游戏准备

1. 游戏材料：泡泡水、色素、泡泡工具、托盘。

2. 游戏人数：1~3 人。

3. 游戏时长：5~8 分钟。

游戏方法

1. 教师将食用色素分别滴入不同的泡泡液中，每种颜色一个托盘。

2. 幼儿选择泡泡工具吹出泡泡。

3. 鼓励孩子们观察泡泡在阳光照射下呈现的彩虹色，并追逐泡泡。

游戏延伸

在画纸上涂上泡泡水，然后用吸管或泡泡棒吹出泡泡，让泡泡破裂后留下彩色的痕迹，创作独特的泡泡画。

观察建议

幼儿吹泡泡和追泡泡的手眼协调能力。

游戏 14：追影子游戏

游戏经验

感知光与影的关系，锻炼身体协调性和反应能力。

游戏准备

1. 游戏材料：简单的障碍物。
2. 游戏人数：5~6 人。
3. 游戏时长：5 分钟。

游戏方法

1. 开始游戏前，进行一些简单的热身运动，如伸伸腿、弯弯腰等，以准备身体。

2. 教师示范如何追逐影子，告诉他们要追逐自己的影子，让幼儿理解游戏规则。

3. 幼儿尝试追逐自己的影子，观察影子的变化并尝试调整自己的动作。

4. 在游戏区域内设置一些简单的障碍物，让幼儿在追逐影子的同时绕过它们，锻炼身体的灵活性和协调性。

游戏延伸

利用影子的形状和变化，编创简单的影子故事，培养幼儿的想象力和语言表达能力。

观察建议

幼儿是否能识别并追逐自己的影子，观察在追逐影子过程中的身体协调性和反应能力。

游戏 15：自然声音音乐会

游戏经验

认识和区分自然界中的不同声音，如风声、雨声、鸟鸣声等。

游戏准备

1. 游戏材料：自然的声音与图片。
2. 游戏人数：4~5 人。
3. 游戏时长：5 分钟。

游戏方法

1. 教师播放一段轻柔的自然声音录音，如清晨的鸟鸣声，吸引幼儿的注意力，并引导他们聆听。

2. 逐一播放不同的自然声音录音，每次播放后暂停，询问幼儿："你听到了什么声音？"引导他们用简单的语言描述，如"鸟叫""下雨"等。

3. 展示图片，让幼儿将听到的声音与对应的图片进行配对，增强记忆和理解。

游戏延伸

提供简单的乐器或物品，如沙锤、摇铃等，让幼儿尝试创作自己的"自然声音"，培养他们的创造力和想象力。

观察建议

幼儿在游戏中的情绪变化，是否表现出对自然声音的喜爱和好奇。

游戏 16：神奇的冰块

游戏经验

感受冷与热的对比，增强对温度变化的感知能力。

游戏准备

1. 游戏材料：冰块、托盘。
2. 游戏人数：3~4 人。
3. 游戏时长：5 分钟。

游戏方法

1. 教师向幼儿展示冰块，并简单介绍它的来源和特性，如冷、硬。

2. 幼儿轻轻触摸冰块，感受其冷硬的触感，并引导他们说出自己的感受。

3. 将冰块放置在托盘中，让幼儿观察冰块随时间逐渐融化的过程。

4. 教师提问："冰块怎么了？"引导幼儿回答"融化了"。

游戏延伸

在家长的协助下，让幼儿参与制作冰块的过程，如倒水、加入食用色素等，增强他们的动手能力和创造力。

观察建议

幼儿对冰块冷感的反应，以及是否理解"冷"和"融化"的概念。

游戏 17：风的力量

体验风的存在，初步感知风的特点。

游戏准备

1. 游戏材料：气球、纸张、扇子。
2. 游戏人数：5~6 人。
3. 游戏时长：5~8 分钟。

游戏方法

1. 教师首先用气球制造风，让幼儿观察气球吹气时产生的风如何使纸张飘动或旋转。

2. 引导幼儿尝试自己用手持气球吹气，感受风的力量和方向。

3. 给每位幼儿分发一个小扇子，让他们自己扇动扇子，观察并感受风对纸张或头发的影响。

游戏延伸

在天气允许的情况下，组织幼儿到户外进行游戏，让他们亲自感受自然界的风，观察风对树木、花草等的影响。

观察建议

幼儿在游戏中的参与程度，是否积极动手尝试、观察并表达自己的想法。

游戏 18：水不见了

游戏经验

感知水的特性，激发幼儿对水的兴趣和好奇心。

游戏准备

1. 游戏材料：清水、海绵。

2. 游戏人数：3~5 人。

3. 游戏时长：5 分钟。

游戏方法

1. 教师向幼儿展示清水，让幼儿观察水的颜色和透明度。

2. 引导幼儿用手轻轻触碰水，感受水的温度和流动性。

3. 将海绵放入水中，让幼儿观察海绵吸水的过程，并引导他们描述海绵状态的变化。

游戏延伸

鼓励家长在家中与幼儿一起进行简单的水实验，如观察植物吸水、制作简易的水循环模型等。

观察建议

幼儿在游戏中的参与程度，是否积极观察、操作和表达。

游戏 19：磁铁的秘密

游戏经验

了解磁铁能吸引铁质物品的特性，体验发现的乐趣。

游戏准备

1. 游戏材料：磁铁，铁质物品（回形针、硬币、铁片），非铁质物品（木块、塑料玩具、纸片）。

2. 游戏人数：1~3 人。

3. 游戏时长：5 分钟。

游戏方法

1. 教师通过展示磁铁和几种不同的物品（铁质和非铁质），引起幼儿的兴趣。

2. 教师介绍磁铁的基本特性，即它能吸引铁质物品。

3. 让幼儿自由探索，尝试用磁铁去吸引各种物品。

4. 鼓励幼儿观察哪些物品能被磁铁吸住，哪些不能，并引导他们用简单的语言表达自己的发现。

游戏延伸

引导幼儿在生活中寻找更多可以被磁铁吸引的物品，如钥匙、勺子等。

观察建议

幼儿能否主动尝试用磁铁吸引不同物品，并观察结果。

游戏 20：声音实验室

游戏经验

感受不同物体发出的声音，理解声音可以由物体的振动或碰撞产生。

游戏准备

1. 游戏材料：铃铛、小鼓、摇铃、木鱼等。

2. 游戏人数：5~6 人。

3. 游戏时长：5 分钟。

游戏方法

1. 教师摇动或敲击几种不同的发声材料，引起幼儿的兴趣和注意。

2. 让幼儿逐一尝试摇动、敲击或碰撞各种发声材料，感受不同物体发出的声音。

3. 鼓励幼儿观察并描述听到的声音，如"这个声音响响的""那个声音轻轻的"。

游戏延伸

引导幼儿用各种发声材料编创简单的故事，如"小动物的音乐会"。

观察建议

幼儿能否区分不同物体发出的声音。

游戏 21：认识颜色

游戏经验

认识红、黄、蓝三种基本颜色，发展幼儿对颜色的观察能力。

游戏准备

1. 游戏材料：颜色卡片、颜色玩具、颜色篮子。

2. 游戏人数：4~5人。

3. 游戏时长：5分钟。

游戏方法

1. 教师逐一出示颜色卡片，并大声说出颜色的名称，如红色、黄色、蓝色，引导幼儿观察并模仿发音。

2. 教师出示颜色玩具，让幼儿尝试将玩具与对应的颜色卡片配对。

3. 教师将颜色篮子放在教室的不同位置，并告诉幼儿每种颜色的篮子代表哪种颜色。

4. 教师逐一出示颜色玩具，引导幼儿将玩具放入相应颜色的篮子中。

游戏延伸

编讲或阅读关于颜色的故事，如《彩虹色的花》等，激发幼儿对颜色的想象力和创造力。

观察建议

幼儿能否准确识别并说出红、黄、蓝三种颜色的名称。

游戏 22：认识形状

游戏经验

观察和感知不同形状的物品，认识圆形、正方形、三角形等基本几何形状。

游戏准备

1. 游戏材料：圆形、正方形、三角形卡片，圆形、正方形、三角形积木。

2. 游戏人数：2~4 人。

3. 游戏时长：5 分钟。

游戏方法

1. 教师出示形状积木，大声说出形状的名称，如圆形、正方形、三角形，引导幼儿观察并模仿发音。

2. 教师出示形状卡片，与形状积木一一对应。

3. 在教室或游戏区域布置形状玩具，让幼儿在教师的引导下寻找并指出不同形状的物品。

游戏延伸

鼓励家长在家中与孩子一起寻找并指出家中的不同形状物品，加深孩子对形状的认知。

观察建议

幼儿能否准确识别并说出圆形、正方形、三角形等基本几何形状的名称。

游戏 23：认识数字

游戏经验

认识数字 1 到 3，并理解这些数字与物品数量之间的对应关系。

游戏准备

1. 游戏材料：数字卡片，苹果、香蕉、橘子等水果，儿歌。
2. 游戏人数：5~6 人。
3. 游戏时长：5 分钟。

游戏方法

1. 播放或教唱数字儿歌，如 1 像小棍敲敲门，2 像小鸭水上漂，3 像耳朵听声音……
2. 引导幼儿边听儿歌边做相应的动作，如模仿小鸭游水、竖起耳朵听声音等。

3. 教师展示一个苹果，让幼儿观察并说出"一个苹果"。
4. 教师出示数字卡片 1，并说："这是数字 1，它代表有一个东西。"
5. 重复上述过程，依次展示数字卡片 2 和 3，分别对应 2 个香蕉和 3 个橘子。

游戏延伸

鼓励家长在家中利用日常生活中的物品，如餐具、玩具等，与幼儿进行数字认知和配对游戏，巩固所学内容。

观察建议

幼儿能否准确识别数字卡片并说出对应的数量。

游戏 24：认识交通工具

游戏经验

初步认识并区分不同的交通工具。

游戏准备

1.游戏材料：交通工具图片或模型，幼儿园小汽车。

2.游戏人数：3~5人。

3.游戏时长：5分钟。

游戏方法

1.教师展示交通工具模型或图片，逐一介绍它们的名称和基本特征。

2.教师播放对应的音效，让幼儿认识不同交通工具的声音。

3.教师展示交通工具的模型或播放音效，让幼儿猜一猜是哪个交通工具。

4.教师带幼儿来到户外，认识幼儿园里的交通工具有哪些。

游戏延伸

带领幼儿到公园或街道边，观察真实的交通工具，并尝试说出它们的名称。

观察建议

幼儿对不同交通工具的兴趣程度和识别能力。

游戏 25：认识植物

游戏经验

认识并区分不同的植物，了解植物的基本特征。

游戏准备

1. 游戏材料：真实的植物或图片，放大镜。

2. 游戏人数：5~6人。

3. 游戏时长：5分钟。

游戏方法

1. 教师将植物摆放在幼儿易于观察的地方，逐一介绍植物的名称和基本特征。

2. 鼓励幼儿触摸植物的叶子、茎干等部分，感受其质地和形态。

3. 提供放大镜，让幼儿仔细观察植物的细节，如叶脉、花瓣纹理等。

游戏延伸

带领幼儿到附近的公园或花园，进行实地观察和学习，认识更多的植物种类。

观察建议

幼儿对认识不同植物活动的兴趣程度。

游戏 26：认识水果

游戏经验

认识并区分不同的水果，了解水果的基本颜色和形状。

游戏准备

1. 游戏材料：常见水果、果盘、塑料水果刀。

2. 游戏人数：3~5 人。

3. 游戏时长：5 分钟。

游戏方法

1. 将水果摆放在果盘上，逐一介绍水果的名称、颜色和基本形状。

2. 鼓励幼儿触摸水果的外皮，感受其光滑或粗糙的质地。

3. 教师切开某种水果，让幼儿观察其内部结构和颜色。

4. 让幼儿闻闻水果的香味，引导幼儿用语言表达感受。

游戏延伸

在成人指导下，与幼儿一起动手制作简单的水果沙拉，增加动手能力和创造力。

观察建议

幼儿能否识别并区分不同的水果。

游戏 27：玩气球

游戏经验

触摸、拍打、抛接气球，感受气球的轻盈和弹性。

游戏准备

1. 游戏材料：气球。
2. 游戏人数：3~5 人。
3. 游戏时长：5 分钟。
4. 游戏地点：户外。

游戏方法

1. 教师手持未充气的气球，引导幼儿观察其颜色和形状，并简单介绍气球。

2. 教师展示气球的充气过程，让幼儿观察气球从扁平到鼓胀的变化。

3. 幼儿轻轻触摸气球表面，感受气球的材质和充气后的柔软度。

4. 在教师帮助下进行抛接气球游戏，提高幼儿的反应能力和身体灵活性。

5. 在地面上滚动气球，让幼儿追逐，增加游戏的趣味性。

游戏延伸

简单介绍空气的概念，让幼儿理解气球是因为充入了空气而鼓起来的。

观察建议

幼儿对气球颜色、形状及充气变化等基本概念的认知情况。

游戏 28：会滚的物体

游戏经验

1. 观察、触摸和玩耍，初步认识不同形状和材质的滚动物体。

2. 激发幼儿对周围环境的探索欲和好奇心，培养对自然现象的兴趣。

游戏准备

1. 游戏材料：小球、圆柱形积木等圆的材料，方形积木、纸盒等方的材料。

2. 游戏人数：1~4 人。

3. 游戏时长：5 分钟。

游戏方法

1. 教师将各种滚动物体放置在幼儿面前，让他们自由触摸、观察并尝试滚动。

2. 教师让幼儿尝试滚动一块积木和一个小球，并猜测哪一物体会滚动。

3. 可以在地面上设置一条简单的路线，让幼儿沿着路线推动物体滚动。

4. 教师引导幼儿思考什么物体能滚动，什么物体不能滚动，从探索中寻找答案。

游戏延伸

带幼儿到户外草地或沙池，寻找并滚动自然界中的滚动物体，如石头、松果等。

观察建议

幼儿在推动、滚动等动作中的手眼协调能力和大肌肉运动技能情况。

游戏 29：感受温度

游戏经验

触摸不同温度的物品，感知和区分冷、热两种基本温度状态。

游戏准备

1. 游戏材料：冰水、温水。

2. 游戏人数：2~4 人。

3. 游戏时长：5 分钟。

游戏方法

1. 教师展示冰水与温水，让幼儿摸一摸，感受两杯水的不同。

2. 幼儿感受冷、热，引导说出对应温度的词汇，如"这是冷的""这是热的"。

游戏延伸

日常生活中，引导幼儿关注不同季节、不同时间的温度变化，并尝试用所学词汇进行描述。

观察建议

幼儿能否通过触摸准确感知和区分不同温度的物品。

游戏 30：认识蔬菜

认识常见的蔬菜，了解外形特征。

游戏准备

1.游戏材料：白菜、玉米、胡萝卜等蔬菜。

2.游戏人数：3~4 人。

3.游戏时长：5 分钟。

游戏方法

1.创设游戏情境，教师扮演蔬菜王国的国王，邀请幼儿参观蔬菜王国，引出今天的主题。

2.让幼儿自由观察摆在桌上的各种蔬菜，鼓励他们说出自己认识的蔬菜名称。

3.教师逐一拿出实物蔬菜，介绍其名称、外形特征和食用部分，引导幼儿观察并触摸蔬菜。

游戏延伸

让幼儿亲手种植蔬菜，观察其生长过程，培养他们对自然的热爱。

观察建议

幼儿对蔬菜外形特征、生长方式和食用部分的认知程度。

游戏 31：沉浮实验

了解物体在水中的浮沉现象，培养好奇心。

游戏准备

1. 游戏材料：塑料盆、木块、塑料玩具、石头、纸片等材料。
2. 游戏人数：2~4 人。
3. 游戏时长：5 分钟。

游戏方法

1. 教师讲述一个小船在海上航行，有时浮在水面，有时沉入海底的故事，引出浮沉的概念。

2. 向幼儿展示将要使用的实验物品，让他们猜测哪些物体会浮起来，哪些会沉下去。

3. 教师首先示范如何轻轻地将一个物体放入水中，并观察其浮沉情况。

4. 鼓励幼儿说出观察到的实验结果。

游戏延伸

利用浮沉原理，指导幼儿制作简单的浮沉玩具，如小船、潜水艇等。

观察建议

幼儿对沉浮实验的兴趣表现和投入程度。

游戏 32：颜色变变变

游戏经验

认识并区分不同的颜色，了解颜色混合的基本概念。

游戏准备

1. 游戏材料：红、黄、蓝三种颜料，吸管，透明杯。

2. 游戏人数：3~5 人。

3. 游戏时长：5 分钟。

游戏方法

1. 教师向幼儿展示红、黄、蓝三种颜色的水，并逐一介绍它们的名称。

2. 教师首先示范如何将两种颜色水混合在一起，并观察颜色变化的过程。

3. 鼓励幼儿选择两种颜色水进行混合，使用搅拌工具轻轻搅拌，观察结果。

4. 引导幼儿尝试不同的颜色组合，探索更多颜色变化的可能性。

游戏延伸

提供彩色纸和画笔，让幼儿用混合出的新颜色进行涂鸦创作。

观察建议

幼儿是否能认真观察颜色变化的过程。

游戏 33：自然收集

游戏经验

观察和收集自然物品，初步认识自然界中的多样性和美。

游戏准备

1. 游戏材料：小篮子。
2. 游戏人数：3~4 人。
3. 游戏时长：5~8 分钟。

游戏方法

1. 教师讲述关于小动物在自然中探险并收集宝藏的故事，激发幼儿的兴趣。

2. 教师带幼儿进入自然探索区，鼓励他们自由走动，观察并寻找自己感兴趣的自然物品，如树叶、石头、花朵、松果等。

3. 引导幼儿轻轻地捡起自然物品放入篮子中。

4. 鼓励幼儿说出自己收集物品的名称。

游戏延伸

利用收集的自然物品进行艺术创作，如制作拼贴画、自然风铃等。

观察建议

幼儿是否有对不同物品的认知和识别能力。

游戏 34：软和硬

游戏经验

触摸和感知物体的软硬特性，形成初步的软硬概念。

游戏准备

1. 游戏材料：海绵、棉花球、木块、石头。

2. 游戏人数：2~4 人。

3. 游戏时长：5 分钟。

游戏方法

1. 教师展示一个软性材料和一个硬性材料，通过触摸和挤压展示给幼儿看，并提问："小朋友们，看老师手里的这两个东西，你们摸起来有什么不同吗？"

2. 鼓励幼儿发表自己的感受，引出"软的"和"硬的"概念。

3. 让幼儿自由选择材料，逐一触摸并感受每种材料的软硬程度。

4. 引导幼儿用语言描述自己的感受，如"软软的""硬硬的"。

游戏延伸

进一步探索其他感官体验，如听觉（敲击不同材质发出的声音）、视觉（观察软硬材料的颜色、形状）等。

观察建议

幼儿能否准确区分并描述物体的软硬特性。

游戏 35：水的溶解

游戏经验

初步了解溶解现象，即某些物质能在水中溶解。

游戏准备

1. 游戏材料：食盐、糖、食用色素、透明杯、吸管。

2. 游戏人数：2~4 人。

3. 游戏时长：5 分钟。

游戏方法

1. 教师向幼儿展示将要使用的溶解物质和清水，简单介绍它们的名称和用途。

2. 教师首先示范如何将少量食盐或糖加入清水中，并使用搅拌工具轻轻搅拌，让幼儿观察物质逐渐溶解的过程。

3. 鼓励幼儿尝试将不同的溶解物质加入清水中，并自己搅拌观察。

4. 鼓励幼儿分享自己观察到的现象。

游戏延伸

提供一些不易溶解的物质，如沙子、石头等，让幼儿尝试并比较哪些物质能在水中溶解，哪些不能。

观察建议

幼儿能否仔细观察物质在水中的变化过程，并注意溶解现象的发生。

游戏 36：树叶小船

游戏经验

观察和接触树叶，帮助幼儿初步了解树叶的形状、质地等自然特征。

游戏准备

1. 游戏材料：树叶、水盆。

2. 游戏人数：2~4 人。

3. 游戏时长：5 分钟。

游戏方法

1. 教师与幼儿一起挑选合适的树叶，并准备好水盆和清水。

2. 引导幼儿观察树叶的形状、颜色、纹理等特征，并简单介绍树叶的基本知识。

3. 让幼儿将树叶轻轻放入水盆中，观察树叶在水中的状态。

4. 引导幼儿观察现象，鼓励幼儿分享感受。

游戏延伸

在成人指导下，让幼儿尝试用树叶和其他材料（如牙签、纸片等）制作简单的树叶小船，并测试其在水中的性能。

观察建议

幼儿在游戏过程中的兴趣和参与度，是否愿意主动探索和尝试。

游戏与认知

发展目标

- 开展简单的游戏，认识基本的形状、颜色和数字，锻炼手眼协调能力，促进认知发展。
- 设置简单的道具和情境，鼓励宝宝进行角色扮演，激发想象力。

游戏 1：认识红色

游戏经验

1. 通过对玩具的分类操作，学习辨别红色，学习词汇"红色"。

2. 留意听别人说话，观察事物以及对事物进行分类。

游戏准备

1. 游戏材料：幼儿常用的红色积木、红色小碗、红色笔、红色书包等。

2. 游戏人数：1~4 人。

3. 游戏时长：5 分钟。

游戏方法

1. 教师把红色的玩具 3~4 种放在一起，告诉幼儿："这些都是红色的。"教师把其他颜色的东西（不超过 3 种颜色）放在一堆，说："这些都不是红色。"每拿一个红色物件就重复说出"红色"。

2. 教师千万不要说是绿色或者黄色，只说："这一边都是红色，那一边都不是红色。"以免混淆幼儿对红色的

认识。

3. 当幼儿学会认红色东西之后，要给他充分的时间练习，千万不要急于教幼儿认另外的颜色。

4. 日常活动中看到红色的小汽车、衣服、鞋子就跟幼儿强调："宝宝看，红色！"用不同事物来强化孩子对同一种色彩的认识。经常鼓励幼儿把杂色玩具当中的红色东西挑出来，并说出"红色"。

游戏延伸

当幼儿对一种颜色熟悉（明确清晰地指出）了以后，用同样的方法认识其他的颜色。1 ~ 2 岁幼儿认识颜色的顺序为：红黄篮绿黑白……

观察建议

游戏过程中，如果宝宝不能辨认正确，要先鼓励宝宝，然后告诉宝宝这是什么颜色。反复进行，直到宝宝能够清楚地辨别出来。

游戏 2：哪两个是一样的

游戏经验

1. 找出两个相同的物品，说出其名称。

2. 分辨相同和不同的玩具或物品，简单的分类。

游戏准备

1. 游戏材料：三组分别有两件完全相同和一个类似的玩具或物品

2. 游戏人数：4~8 人。

3. 游戏时长：9 分钟。

游戏方法

1. 教师让幼儿把一个袋子中的玩具都取出来，问："哪两个娃娃是一样的？"

2. 教师出示多张不同的图片，让幼儿观察并找出哪两个是一样的。

3. 请幼儿用语言描述找到的相同的两个物品的特征。

游戏延伸

可随幼儿的能力把玩具或物品增加到 5 件。

观察建议

幼儿能细致观察物品的区别。

游戏 3：大球和小球

游戏经验

1. 通过比较对物品进行配对，学习词汇"大""小""球"。

2. 观察、分辨物体和简单地对物品进行分类。

游戏准备

1. 游戏材料：两个塑料篮子，各种彩色大球和小球，一个大娃娃和一个小娃娃。

2. 游戏人数：1~4 人。

3. 游戏时长：5 分钟。

游戏方法

1. 教师拿出一个大球和一个小球，让幼儿抱一抱、拿一拿，教师问："哪个球要两只手抱起来？哪个球用一只手就能拿起来？"

2. 幼儿回答对后，教师引导说："这个比那个大好多，这是大球，这是小球。"

3. 用同样的方法引导幼儿观察、分辨大篮子和小篮子，知道大球应放在大篮子里，小球应放在小篮子里，鼓励幼儿自己将大球和小球分别放入不同的篓子里，并说出这是大球或者这是小球。

游戏延伸

引导幼儿把大球送给大娃娃，把小球送给小娃娃。教师引导幼儿一边送球给娃娃一边说："大球""大娃娃""小球""小娃娃。"

观察建议

不断强调大球与小球，什么是大，什么是小，帮助幼儿认知。

游戏 4：动物照相

游戏经验

1.学习分辨不同的动物照片并说出其名称，观察和记忆事物。

2.巩固对动物的认识，运用动作模仿事物。

游戏准备

1.游戏材料：5 种幼儿常见的动物卡片若干。

2.游戏人数：1~4 人。

3.游戏时长：5 分钟。

游戏方法

（故事导入）教师："宝贝们，今天老师请来了很多新朋友，你们猜猜他们是谁？"出示卡片，并且发出声音和模仿动作。

1.教师与幼儿在音乐声中扮演小动物（按动物卡片上的动物扮演），音乐停后要求小动物做出一个动作，教师模仿照相给小动物拍照。

2.教师出示若干照片与幼儿共同欣赏，引导幼儿说出动物的名称。

3.继续扮演动物做律动游戏。

游戏延伸

可根据幼儿的能力由 5 种动物卡片增加到 10 种。

观察建议

幼儿认识常见的动物并了解基本的特征。

游戏 5：彩虹雨

游戏经验

1. 通过游戏刺激幼儿的视觉、听觉和触觉发展。

2. 培养幼儿的观察力和想象力。

3. 促进幼儿的手眼协调能力和精细动作发展。

游戏准备

1. 游戏材料：彩色丝带（红、橙、黄、绿、蓝、紫），透明塑料瓶（带盖），小铃铛或雨声模拟器，彩色纸张，剪刀，胶水。

2. 游戏人数：1~4 人。

3. 游戏时长：5 分钟。

游戏方法

1. 播放轻柔的雨声音乐，告诉幼儿今天我们要玩一个关于"彩虹雨"的游戏，引导他们想象下雨时天空中出现的彩虹。

2. 展示如何用彩色丝带或彩色纸张剪成小雨滴形状，并粘贴在透明塑料瓶的外侧，模拟彩虹的颜色。

3. 将小铃铛或雨声模拟器放入塑料瓶内，盖上盖子，摇晃瓶子模拟下雨的声音。

4. 让幼儿轮流摇晃瓶子，感受"雨声"的节奏和变化。

5. 播放雨声音乐，引导幼儿手持自己的"彩虹瓶"，随着音乐节奏轻轻舞动，模仿雨滴落下的动作。可以引导幼儿说："红色的雨滴落下来，黄色的雨滴跟上来……"，增强颜色认知。

游戏延伸

提供白纸和彩色笔，让幼儿自由画出他们心中的"彩虹雨"，鼓励他们分享自己的作品和想法。

观察建议

鼓励幼儿参与，但不强迫，尊重每个幼儿的发展节奏和兴趣点。

游戏 6：小猫捉鱼

游戏经验

1.学习分辨颜色以及图案，倾听和理解语言。

2.运用动作模仿事物。

（补充：初步引导幼儿认知颜色以及培养注意力。）

游戏准备

1.游戏材料：彩色的鱼形、花形等图案卡片若干，分散在活动室范围内。

2.篮子若干。

3.游戏人数：1~4人。

4.游戏时长：5分钟。

游戏方法

教师：小朋友，今天班上来了新的朋友，是小鱼，小鱼们走丢了，她们的妈妈非常想她们，你们能不能找到她们送回家。

1.教师一边念儿歌："小花猫，真能干，快快捉红鱼。"

2.一边带着幼儿扮演小猫并模仿其动作，走到活动室内寻找有小鱼图案的卡片，示意幼儿大胆去捉小鱼。

3.把找到的小鱼装进篮子，数一数有多少。

游戏延伸

当幼儿对黄、篮、绿等颜色认识后，可以把儿歌改成"快快捉黄鱼"，引导幼儿听清楚颜色再去捉鱼。

（补充：用黏土填充鱼的图画。）

观察建议

幼儿能准确地抓握"小鱼"并放入"鱼池"中。

游戏 7：会翻跟斗的小熊

游戏经验

1. 与同伴游戏，分享快乐。

2. 锻炼手部精细动作的协调性，对上发条的玩具感兴趣，并能细心观察。

游戏准备

1. 游戏材料：发条玩具小熊。

2. 游戏人数：1~4 人。

3. 游戏时长：5 分钟。

游戏方法

1. 教师出示发条玩具小熊吸引大家留心观察，告诉幼儿小熊今天来为我们做精彩表演。

2. 上发条让小熊不断地翻跟斗，引导大家给小熊的表演拍手加油。

3. 启发幼儿寻找小熊会翻跟斗的秘密在哪里。

游戏延伸

引导幼儿轮流为小熊"加油（尝试上发条一次）"。

观察建议

幼儿对小熊表演的反应和感受。

游戏 8：寻宝行动

游戏经验

1. 按指示找出动物、颜色、物品等卡片，观察、辨别和记忆事物。

2. 感知空间方位，手眼协调。

游戏准备

1. 游戏材料：各种小动物（动物影子）、颜色、物品的卡片、户外草地。

2. 游戏人数：5~10 人。

3. 游戏时长：10 分钟。

游戏方法

1. 教师讲述一个神秘的寻宝故事，激发幼儿兴趣。

2. 教师将一些小物品藏在教室各处，作为"宝物"。

（1）请一名幼儿蒙上眼睛，教师拿出一个"宝物"，让其他幼儿描述其特征，蒙眼幼儿根据描述寻找"宝物"。

（2）轮流进行游戏，让每个幼儿都有机会参与。

3. 表扬幼儿在游戏中的精彩表现，强调语言描述和观察的重要性。

游戏延伸

教师与幼儿换角色，幼儿说出一样物品的名称让教师来捡，教师可以假装捡错，以考验幼儿的判断能力。同时，强调语言描述和观察的重要性。

观察建议

幼儿能根据指示找到卡片。

游戏 9：是谁在跳舞

游戏经验

1. 对教师的操作产生好奇，愿意自己去尝试。

2. 观察力训练，体验磁铁游戏和猜想的乐趣。

游戏准备

1. 游戏材料：磁性桌子（蒙桌布，布下有磁铁小玩偶）。

2. 游戏人数：1~4 人。

3. 游戏时长：5 分钟。

游戏方法

1. 教师在桌底操纵小玩偶，使其在桌布下滑动引起幼儿的观察兴趣。

2. 让幼儿隔着桌布注意观察底下玩具的运动，猜想可能是什么玩具藏起来了。

3. 掀开桌布让幼儿找到等待已久的"谜底"。

游戏延伸

让幼儿自己动手操作小玩偶，尝试其他玩具是否也能在桌上跳舞。

观察建议

引导幼儿了解磁铁的奥秘，并能融入集体游戏。

游戏 10：跳跳乐

游戏经验

1. 通过跳跃动作促进幼儿的身体发育，特别是腿部肌肉的力量和协调性。

2. 通过不断尝试和调整跳跃力度，幼儿还能逐渐学会控制自己的身体，增强自信心。

游戏准备

1. 游戏材料：安全的软垫或地毯，确保幼儿跳跃时不会受伤；彩色气球或轻质玩具，作为跳跃的目标。

2. 游戏人数：1~4 人。

3. 游戏时长：5 分钟。

游戏方法

1. 教师先带领宝宝做一些简单的热身运动，如伸展手臂、踢踢小腿等，为跳跃做准备。

2. 播放音乐，示范跳跃动作，鼓励幼儿模仿。

3. 初始时，可以让幼儿站在软垫上，尝试轻轻跳起并落下，感受跳跃的乐趣。

4. 随着宝宝的逐渐适应，可以增加跳跃的难度，如设置不同高度的目标，让宝宝尝试跳跃并触碰。

游戏延伸

根据幼儿的实际情况和兴趣点调整游戏的难度和时长。将目标物品更换成较大的物品或者较小的物品。

观察建议

在游戏过程中，教师应始终陪伴在幼儿身边，确保他们的安全。

游戏 11：打开小魔瓶

游戏经验

1. 期望通过自己的努力找到答案，感受自信与成功。

2. 锻炼观察力和精细动作。

游戏准备

1. 游戏材料：同样的扭盖塑料瓶子 5 个，内装不同形状或不同颜色的木珠。

2. 游戏人数：1~4 人。

3. 游戏时长：5 分钟。

游戏方法

1. 引导幼儿仔细观察并摇晃听听为什么会发出声音。

2. 教师示范扭开瓶子看看里面有什么，又把瓶子盖好，引导其猜猜里面有什么。

3. 启发幼儿模仿，鼓励其尽量独立操作，并将看到的结果告诉老师，把瓶盖扭好复原。

游戏延伸

把瓶身、瓶盖贴上标志，要求幼儿按标志——对应扭好瓶盖。

观察建议

幼儿能否自己独立操作，并按标识——对应。

游戏 12：小猫找老鼠

游戏经验

1. 移动自己的小手，发现和寻找教室里的不同物品。

2. 认识空间方位，初步学习上、下、里、外等。

游戏准备

1. 游戏材料：小老鼠玩偶或卡片。

2. 游戏人数：1~6 人。

3. 游戏时长：6 分钟。

游戏方法

1. 教师引导："宝贝们，小老鼠闯进了小猫的家里，你们可以帮助他抓住老鼠吗？"这时，教师可把小老鼠放在房间的桌子上、椅子上等。

2. 教师和幼儿一起找，"找到啦！小老鼠在椅子下"。可以让幼儿跟着说："小老鼠""椅子下"。换一个"老鼠"的位置，继续玩这个游戏。

游戏延伸

可以把寻找范围扩大到幼儿的户外活动场地上。

观察建议

幼儿能简单认识空间方位。

游戏 13：小兔拔萝卜

游戏经验

1. 理解"1"和"许多"的意义，会用语言说出"一只××"和"许多××"。

2. 了解兔子的习性，感受和同伴游戏的快乐。

游戏准备

1. 游戏材料：小兔子头饰、萝卜玩具（或卡片）若干。

2. 游戏人数：1~4 人。

3. 游戏时长：5 分钟。

游戏方法

1. "兔子特征大发现"：让幼儿观察兔子，并用语言描述兔子的耳朵、眼睛、嘴巴、尾巴等特征。

2. "兔子习性我知道"：教师提问兔子喜欢吃什么、怎么走路等问题，幼儿回答。教师与幼儿分别戴上兔子的头饰扮演兔妈妈和小兔子，在音乐中模仿兔子蹦蹦跳跳，在此期间兔妈妈反复强调"1 只兔妈妈和许多小兔子"。

3. 兔妈妈逐一请小兔子拔萝卜，每请一只兔子都强调"1 只小兔在拔萝卜""许多小兔子在看"。

游戏延伸

可用其他角色或玩具重复此游戏，以帮助幼儿理解"1"和"许多"的意义。

观察建议

幼儿能理解"1"和"许多"的意义。

游戏 14：找大挂图

游戏经验

1. 对环境中挂图产生敏感，运用视觉观察事物。

2. 欣赏各种美丽的图画，产生不同的美感。

游戏准备

1. 游戏材料：环境中的艺术作品挂图若干，不同类别的挂图。

2. 游戏人数：6~10 人。

3. 游戏时长：5 分钟。

游戏方法

1. 教师根据幼儿生活环境中所挂的大图画，说出其名称。

2. 让幼儿在环境中寻找，看能否找到相关的图画。

游戏延伸

让婴幼儿尝试找到挂图里的物品。

观察建议

婴幼儿有较强的观察能力。

游戏 15：图书捉迷藏

游戏经验

1. 学习听教师的提示在图书中找出相应的图，对图书产生兴趣。

2. 用手翻动图书，观察、记忆自己看过的东西。

（补充：激发幼儿对阅读和绘本初步的认知和兴趣。）

游戏准备

1. 游戏材料：一本幼儿常看的图书。

（补充：任意适合的图书都可以）

2. 游戏人数：4~6 人。

3. 游戏时长：5 分钟。

游戏方法

1. 教师与幼儿共读图书，然后提问："小狗藏在图书的哪里？"

2. 引导幼儿用手翻动图书，按照教师的提示找出小狗。

3. 当幼儿找到后再说出另一个图书里有的物品或动物继续让幼儿寻找。

游戏延伸

幼儿能较快地找出相应的图后，教师可以变化提示的语言，加大寻找的难度，如，"戴蝴蝶结的小狗在图书的哪里？"

（补充：比如问，"叶子是什么颜色？小花是什么颜色？小鸟在哪里飞呢？"）

观察建议

幼儿能辨认上面、下面不同的方向。

游戏 16：袜子配对

游戏经验

1. 通过比较对物品进行配对，学习词汇"大""小""袜子"。

2. 动手操作、细心观察物体的大小和初步的分类。

3. 让宝宝识别自己的物品。

游戏准备

1. 游戏材料：教师及幼儿用的干净袜子。

2. 游戏人数：1~4 人。

3. 游戏时长：5 分钟。

游戏方法

1. 首先将宝宝的小鞋小袜脱下，把它们放在一堆鞋袜中，然后散落在地上。让宝宝自己去找出自己的鞋子和袜子，在宝宝找袜子的过程中，告诉宝宝："宝宝的鞋是一双，一双是两只。宝宝的袜子也是一双，一双是两只。"

当宝宝自己找到后，帮助宝宝将鞋袜穿上去。

2. 教师把大小不同的袜子混在一起，引导幼儿来帮忙分袜子。

3. 教师故意拿出一只大袜子和一只小袜子凑成对给幼儿观察，如果幼儿提出异议，教师要给予表扬，肯定幼儿的判断结果，并请幼儿根据袜子的大小进行配对。

4. 如果幼儿没有异议，教师则可引导幼儿试穿，问："这样穿舒服吗？"再引导幼儿对大小不同的袜子进行配对。

游戏延伸

教师可增加袜子的数量，还可以让幼儿对袜子进行颜色和花纹的配对游戏。

观察建议

游戏尽量在天热的时候进行，这样宝宝光着小脚丫，也不会受凉，而且脱起来也方便，注意不要让宝宝过分着急。

游戏 17：捉迷藏

核心经验

1.理解上、下、里面、外面不同的方向，加深对方位词的认识。

2.培养幼儿手眼协调能力，增强语言与思维的准确性。

游戏准备

1.游戏材料：动物玩偶。

2.游戏人数：1~5 人。

3.游戏时长：5 分钟。

游戏方法

1.让幼儿用手蒙住眼睛，教师把小动物藏在教室不同的地方，适当给幼儿提醒，如"小鲸鱼在桌子上。"

2.当幼儿找到时，教师马上进行夸奖与拥抱，鼓励幼儿进行下一轮游戏。

游戏延伸

可以把寻找范围扩大到幼儿的户外活动场地。

观察建议

幼儿能辩认上面、下面不同的方向。

游戏 18：汽车嘀、嘀、嘀

游戏经验

1. 正确地在图书中指认汽车，会模仿汽车声音，练习舌面音。

2. 学习观察，简单的归类。

游戏准备

1. 游戏材料：公共汽车玩具，各类汽车的图书或卡片，黏土。

2. 游戏人数：1~4 人。

3. 游戏时长：5 分钟。

游戏方法

1. 教师拿出公共汽车玩具，让幼儿看一看、摸一摸、玩一玩。

2. 教师引导幼儿一边玩一边模仿汽车的喇叭声："嘀、嘀、嘀。"

3. 拿出图片及图书问："汽车在哪里？""汽车怎么叫？"引导他们从图书中指认汽车，并练习发"嘀、嘀、嘀"的声音。

4. 引导幼儿扮演汽车司机，拿方向盘一边开车一边练习"嘀、嘀、嘀"的声音。

5. 不同的汽车有几个轮子，让幼儿分辨多和少。

6. 可以打印不同的汽车，让幼儿用黏土填充。

游戏延伸

以相同的游戏，帮助幼儿在图书中指认各种物品或动物。

观察建议

幼儿能正确指出汽车。

游戏 19：他的帽子在这里

游戏经验

1. 感知和发现物体的大小以及将物体一一对应。

2. 锻炼幼儿观察物体，手眼协调的练习。

游戏准备

1. 游戏材料：各种大小不一的玩偶和帽子。

2. 游戏人数：1~4 人。

3. 游戏时长：5 分钟。

游戏方法

1. 幼儿喜欢玩玩偶，教师可以引导幼儿观察不同的玩偶戴着的帽子，如观察颜色、大小。

2. 在幼儿能找到一个玩偶的帽子后，拿出另一个帽子。教师可以在幼儿找到对应的玩偶和帽子后，给幼儿语言或者动作上的鼓励，比如，拥抱。

游戏延伸

教师也可以在幼儿对游戏熟悉后，把大大小小不同的帽子混合在一起，让幼儿自己给玩偶寻找合适的帽子。

观察建议

幼儿能感知物体的大小。

游戏 20：找玩具

游戏经验

1. 在环境中寻找物品，学习用简单句子表达。

2. 留意观察环境，记忆方位、地点。

游戏准备

1. 游戏材料：幼儿常用的 3 种玩具各 2 件。

2. 游戏人数：5~10 人。

3. 游戏时长：10 分钟。

游戏方法

1. 教师展示一些玩具，引起幼儿兴趣。

2. 教师选择把一个玩具藏起来，然后描述其特征，让幼儿根据描述去找玩具。

3. 幼儿轮流当"描述者"，其他幼儿找玩具。

4. 表扬幼儿在游戏中的表现。强调语言描述和观察的重要性。

游戏延伸

此游戏可重复进行，当幼儿对课室环境熟悉后，可帮助幼儿大胆说出物品所在的位置。

观察建议

幼儿能根据语言描述找到玩具。

游戏 21：袋中寻宝

游戏经验

1.通过用手触摸各种物品巩固对日常用品的认识，说出物品名称。

2.运用已有经验判断物体，留意教师的言语。

游戏准备

1.游戏材料：深色布袋，幼儿已经认识的小汤勺、钥匙、小圆球等。

2.游戏人数：1~4人。

3.游戏时长：5分钟。

游戏方法

1.教师把小汤勺、钥匙、小圆球（可以选择不同材质、触感的物品）3种东西放入布袋里，对幼儿说："变变变，变出小圆球。"

2.要求幼儿从布袋里摸出相应的物品，当幼儿拿对时，教师用语言或动作以作表扬，当幼儿拿错时，教师可用语言进行提示："小圆球是圆圆的。"

游戏延伸

当幼儿掌握游戏的玩法后，教师可以逐渐增加物品的个数以增加游戏的难度。当幼儿掌握后可放入不同的水果，锻炼幼儿的嗅觉。

观察建议

在日常生活中，可适当增加幼儿的前期经验，多用手摸摸身边的物品，多感受物品不同的触感。

游戏 22：可爱的兔子

游戏经验

1. 建立空间方位的概念，学习词汇"上""下"。

2. 建立语言和动作的协调性。

游戏准备

1. 游戏材料：兔子手偶若干。

2. 游戏人数：3~7 人。

3. 游戏时长：8 分钟。

游戏方法

1. "兔子特征大发现"：让幼儿观察兔子，并用语言描述兔子的耳朵、眼睛、嘴巴、尾巴等特征。

2. "兔子习性我知道"：教师提问兔子喜欢吃什么、怎么走路等问题，幼儿回答。

3. 教师与幼儿各戴一个兔子手偶，教师引导幼儿一边念儿歌一边用手偶做动作"可爱的兔子上下跳（把手偶做上下跳的样子），可爱的兔子向两边看（把手偶向左右转动），可爱的兔子转个圈（转动手腕），可爱的兔子坐飞机（把手偶向上举），可爱的兔子跳下地（把手偶向下伸），可爱的兔子不见了（把手偶藏在背后）"。

游戏延伸

可以让幼儿用自己一只手的食指和中指竖起来扮演兔子，跳到另一只手的手背上、头上或脚下，以此复习对上下的认识。

观察建议

幼儿掌握词汇"上""下"。

游戏 23：小小送货员

游戏经验

1. 幼儿能够分辨、认识一些基本的形状，发现各种不同的图形。

2. 提高幼儿手眼协调能力。

游戏准备

1. 游戏材料：有不同图形洞的木头箱子，不同形状的木片。

2. 游戏人数：1~4 人。

3. 游戏时长：5 分钟。

游戏方法

1. 教师说："今天宝贝们是小小送货员，请你把这些货物送到主人家里吧。"

2. 指导幼儿观察各种图形，把长方形、圆形、三角形的木片分别放到木箱相应形状的洞里面。

3. 如此反复几次，适时鼓励幼儿。

游戏延伸

可以做不同颜色的木片，让幼儿学习按颜色分类。

观察建议

幼儿认识基本的形状。

游戏 24： 幸运转转乐

游戏经验

1.学习遵守排队的游戏规则，分享快乐。

2.观察图片，感受手部动作与物体旋转方向的关系。

游戏准备

1.游戏材料：用纸板自制幸运转盘，转盘分成六格，分别挂有起床、睡觉、吃饭、刷牙、玩玩具、做运动的图画。

2.游戏人数：1~4 人。

3.游戏时长：5 分钟。

游戏方法

1.让幼儿的手放在教师的手上，教师扶着转盘转动，感受转盘转动时手部的感受。

2.让幼儿自己用手转动转盘，体验手部动作与物体旋转的乐趣。

3.当转盘停下来时，请幼儿观察指针停留的图案，并做出相应的事情。

游戏延伸

引导幼儿遵守轮流的游戏规则，转 1 圈后停下来让给同伴玩。

观察建议

幼儿能感受手部动作与物体旋转方向的关系。

游戏 25：找卡片

游戏经验

1. 从许多不同的图片中寻找动物的图片，对图片产生兴趣。

2. 观察和辨别不同的动物外形，听语言行动。

（补充：初步了解分类。）

游戏准备

1. 游戏材料：幼儿常见的动物、植物、用品等卡片若干。

2. 游戏人数：1~4 人。

3. 游戏时长：5 分钟。

游戏方法

1. 教师把三个种类的不同卡片混合在一起，分给幼儿每人一份。

2. 教师分类好不同种类的卡片做成大图，比如，动物在一个房子、植物在一片土地、生活用品都在超市。

3. 引导幼儿找出全部动物，贴在房子上。

4. 引导幼儿找出全部植物，贴在土地上。

5. 重复游戏直到全部的卡片都找出来。

游戏延伸

可以让幼儿模仿不同动物的叫声或动作，用声音和动作表达自己对动物的认识。

观察建议

幼儿能观察和辨别不同动物的外形。

游戏 26：小蝌蚪找妈妈

游戏经验

1. 感受集体游戏的乐趣，与教师或同伴建立亲密的情感联系。

2. 培养幼儿的听觉与感知能力。

游戏准备

1. 游戏材料：青蛙妈妈头饰 1 个，其他小动物头饰若干。

2. 游戏人数：1~4 人。

3. 游戏时长：5 分钟。

游戏方法

1. 一位教师扮演青蛙藏在课室的某个角落，发出"呱呱"的声音，并做出动作，另外几名幼儿戴头饰假装不同的小动物叫声。

2. 另一位教师引导幼儿安静倾听，努力辨别青蛙妈妈声音发出的方向，请幼儿去寻找发出声音的地方，找到青蛙妈妈。

游戏延伸

可以寻找其他不同的动物进行游戏，方法相同。

观察建议

幼儿能感受集体游戏的乐趣。

游戏 27：小小探险家

游戏经验

通过模拟探险活动，激发幼儿的好奇心与探索欲，促进感官与运动技能的发展。

游戏准备

1. 游戏材料：安全的室内或室外探索区域（如铺设软垫的爬行区、布置有障碍的小径）、不同材质的物品（如毛绒玩具、塑料球、木块）、小篮子或背包用于收集"宝藏"。

2. 游戏人数：1~4 人。

3. 游戏时长：5 分钟。

游戏方法

1. 以故事形式引入，告诉幼儿将成为"小小探险家"，去寻找隐藏的宝藏。

2. 引导幼儿爬行或行走通过设置的障碍小径，如绕过"石头"（木块）、跳过"小溪"（软垫上的线条）。

3. 让幼儿使用小篮子或背包，在指定区域寻找并收集"宝藏"（事先放置的玩具或安全小物件）。

游戏延伸

利用收集的物品，引导幼儿进行简单的创意搭建或组合游戏，培养创造力和空间感知能力。

观察建议

注意幼儿的情绪变化，对于感到害怕或不愿意参与的幼儿，给予足够的鼓励和支持，尊重他们的选择。

游戏 28：奇妙的触感

游戏经验

1. 通过触摸不同材质的物品，激发幼儿的感官探索兴趣，促进触觉、视觉及认知能力的发展。

2. 对周围环境表现出好奇，愿意尝试新事物。

游戏准备

1. 游戏材料：多种材质的安全玩具和日常用品（如毛绒球、丝绸布、塑料环、木块、橡胶球等），确保所有物品边缘光滑，无尖锐部分。

2. 游戏人数：1~4 人。

3. 游戏时长：5 分钟。

游戏方法

1. 展示一件物品（如毛绒球），轻触摸并描述其触感，如"软软的"，鼓励幼儿模仿触摸。

2. 逐一呈现不同材质的物品，让幼儿自由触摸，教师描述触感，如"滑滑的""硬硬的"。

3. 将两种对比鲜明的材质（如丝绸和木块）放在一起，让幼儿同时触摸，比较它们的不同。

游戏延伸

提供安全的粘贴纸和剪成小块的不同材质布料，引导幼儿尝试粘贴，创作属于自己的触感画作。

观察建议

观察幼儿对不同材质的反应，记录他们对触感的偏好、注意力集中时间等，作为后续活动的参考。

游戏 29：有趣的哈哈镜

游戏经验

1.在自身形象的比较中产生好奇，体验身体变形的快乐。

2.细心观察镜像，与同伴共同游戏。

游戏准备

1.游戏材料：哈哈镜胖瘦型、高矮型各2组，正常全身镜2个。

2.游戏人数：1~4人。

3.游戏时长：5分钟。

游戏方法

1.带幼儿照镜子，观察自己或同伴在正常全身镜的形象。

2.与哈哈镜中的形象进行对比，引导幼儿说出自己的感受。

游戏延伸

试试幼儿与教师一起玩哈哈镜，玩法同上。

观察建议

幼儿在哈哈镜游戏中的反应。

游戏 30：找影子

游戏经验

1. 从卡片中按照动物的影子，说出各种动物的名称。

2. 通过观察和判断巩固对常见动物外形特征的认识。

游戏准备

1. 游戏材料：轮廓特征明显的动物卡片，如兔、猴、马……动物玩偶若干，在纸板上画出其影子轮廓线。

2. 游戏人数：1~4 人。

3. 游戏时长：5 分钟。

游戏方法

1. 教师出示兔、猴、马的图片，用语言引导幼儿记忆动物的外形特征："兔子的耳朵是怎么样的？猴子的尾巴是怎么样的？马的腿是怎么样的？"

2. 再出示兔子的影子图，鼓励幼儿猜猜看是谁的影子，不管幼儿是否猜对，都要求幼儿把他认为的动物的卡片在影子图上摆一摆，教师引导幼儿判断是否正确。若不正确，教师鼓励幼儿再猜一次。

游戏延伸

教师还可以做手影游戏，让幼儿猜一猜像什么动物。

观察建议

幼儿认识常见动物的外形特征。

游戏 31：翻翻瓶盖

游戏经验

1.通过动作和观察，发现并说出瓶盖上的物体。

2.小手翻动物品，观察事物。

游戏准备

1.游戏材料：一堆大大小小的塑料瓶盖，盖内贴上小图片，有吃的、用的、小动物等。

2.游戏人数：1~4 人。

3.游戏时长：5 分钟。

游戏方法

1.把贴有图案的瓶盖向下放好，教师和幼儿轮流翻瓶盖，问："我翻到苹果，你翻到的是什么？"翻到不会的物品可告诉幼儿，增加新事物的认知。

2.全翻好后，教师提议如："把吃的东西拿出来。"幼儿就把有食物图案的瓶盖找出来。

3.教师根据幼儿的能力给予适当的帮助。

游戏延伸

可利用瓶盖进一步帮助幼儿学习分类。

观察建议

翻到不认识的物品可告诉幼儿，并帮助幼儿分类。

游戏 32：捉小鱼小虾

游戏经验

1. 感受水上活动的乐趣，自信地参加游戏。

2. 训练手眼协调，初步感知"1"和"许多"的关系。

游戏准备

1. 游戏材料：小塑料篮子每人1个，戏水池放塑料小鱼、小虾一批，毛巾、捞鱼工具、捕鱼网、游戏背景音乐。

2. 游戏人数：1~4 人。

3. 游戏时长：5 分钟。

游戏方法

1. 播放游戏背景音乐，鼓励幼儿用手捉住沉在水底的小鱼、小虾，然后放进篮子里，也可尝试使用工具进行捕鱼。

2. 提醒幼儿在水中慢慢行走。

游戏延伸

逐一数数大家的收获，看谁捉的鱼虾最多。

观察建议

需要引导幼儿对数数概念的初步理解。

游戏 33： 小小饲养员

游戏经验

1. 认识动物名称，能用简单的语言描述动物特征。

2. 准确表达动物的饮食喜好，能说出"××吃××"这句话。

3. 巩固对动物食性的了解，对小动物产生爱心。

游戏准备

1. 游戏材料：准备两块毛毡板，在上面分别贴上小兔子、小羊、小猫图片，一些青菜、萝卜、骨头、鱼的卡片。

2. 游戏人数：3~8人。

3. 游戏时长：8分钟。

游戏方法

1. 教师引导说："小朋友们，你们看这些是什么呀？小兔子肚子饿了，我们来给它们喂些吃的吧。"

2. 请幼儿根据动物的食性，把相应的青菜、萝卜、骨头、鱼的卡片放到对应的动物图片下方。

3. 介绍几种常见动物，如小兔子、小猫、小狗等，让幼儿观察它们的特征。

4. 通过提问，让幼儿说出这些动物喜欢吃什么，例如，"小兔子喜欢吃什么呢？"

游戏延伸

动物板可以先平放再竖放，动物角色也可以由三种增加到四五种。

观察建议

幼儿能否用简单语言描述动物特征。

游戏 34：音乐盒探险

游戏经验

游戏经验

1. 锻炼幼儿的听觉、视觉和手眼协调能力。

2. 激发幼儿的好奇心和探索欲。

游戏准备

1. 游戏材料：一个小型音乐盒（确保声音柔和，不刺耳），不同材质和颜色的布块或软质玩具（用于隐藏音乐盒），安全软垫或地毯。

2. 游戏人数：1~4 人。

3. 游戏时长：5 分钟。

游戏方法

1. 先向幼儿展示音乐盒，让他们听听音乐盒发出的美妙声音。

2. 告诉幼儿，音乐盒藏在了布块或玩具下面，需要他们找出来。

3. 引导幼儿在游戏区域内寻找音乐盒，鼓励他们翻动布块或玩具，用眼睛观察、用手触摸。

4. 当幼儿找到音乐盒时，教师可以给予他们正面的反馈和鼓励，如"你真棒！找到了音乐盒！"

游戏延伸

可以换成其他的可以发出声音的乐器，幼儿倾听辨别不同的乐器声。

观察建议

幼儿是否对音乐盒有探索的兴趣。

游戏 35：图形变变变

游戏经验

1. 观察不同的图形，对图形的变化产生兴趣，学习词汇"圆形""三角形""长方形"。

2. 说出图画中的物体名称，细心观察和大胆想象。

游戏准备

1. 游戏材料：纸、笔。

2. 游戏人数：1~4 人。

3. 游戏时长：5 分钟。

游戏方法

1. 教师在纸上任意画出各种各样的图形（圆形、椭圆形、三角形、正方形、长方形等），引导幼儿观察不同的图形，知道其名称。

2. "图形变身"游戏：教师展示一个图形，如圆形，让幼儿想象它可以变成什么，并用语言描述。

3. 小组竞赛：将幼儿分成小组，每个小组依次对给定图形进行变化描述，比一比哪个小组的创意多。

游戏延伸

让幼儿对不同的图形进行分类。

观察建议

幼儿能否说出不同图形的名称。

游戏 36：我的表情

游戏经验

1. 识别他人的不同情绪状态，了解并体验他人的感受。

2. 观察和理解图片，寻找对应图片。

游戏准备

1. 游戏材料：印有各种各样表情的图片。

2. 游戏人数：1~4 人。

3. 游戏时长：5 分钟。

游戏方法

1. 和幼儿一起，在绘本或一体机投屏上找出印有不同面孔的图片。

2. 引导他们模仿图片中人脸的表情。

3. 找一张有"快乐的孩子"的图片，教师描述图片上那张脸的表情，然后让大家做出"快乐的表情"。

4. 继续找有快乐表情的图片或寻找与幼儿当天情绪一致的人物图片。

游戏延伸

寻找各种各样的表情：悲伤的、生气的、惊奇的、激动的，等等。

观察建议

观察幼儿对表情的感知和感受。

第 四 辑
运动与健康

发展目标

- 鼓励幼儿爬行、走路、跳跃，锻炼四肢力量和身体协调性。
- 定期进行健康检查，确保幼儿身高、体重等生长发育指标正常。

游戏 1：物品捉迷藏

游戏经验

有初步的空间感，观察、发现和寻找物品，练习动作的灵敏性。

游戏准备

1. 游戏材料：幼儿熟悉的物品。

2. 游戏人数：2~5 人。

3. 游戏时长：5 分钟。

游戏方法

1. 教师引导"小眼睛转转转，看看这，看看那，找找 ××（物品可随意变换）在哪里"。

2. 引导幼儿根据教师指令在活动室中寻找不同物品。

游戏延伸

可以把寻找范围扩大到户外活动场地。

观察建议

幼儿是否能根据指令找到相对应的物品。

游戏 2：滚小球

游戏经验

学习双手握住小球向前滚动的方法，锻炼手腕力量和身体协调性。

游戏准备

1. 游戏材料：不同种类的球若干。
2. 游戏人数：2~6 人。
3. 游戏时长：5 分钟。

游戏方法

1. 教师展示不同种类的球，输入认知："这是篮球、足球、皮球……"，引导幼儿观察球的滚动。

2. 给每个幼儿发一个球，引导他们学习把球向前滚动的动作。

游戏延伸

引导两个幼儿共用一个球，互相向前滚动传球。

观察建议

幼儿能否将球向前滚动。

游戏 3：我喜欢的玩具

游戏经验

练习爬、走，锻炼四肢的协调性，萌发自我意识，愿意挑选自己喜欢的玩具。

游戏准备

1. 游戏材料：玩具、收纳筐。
2. 游戏人数：2~4 人。
3. 游戏时长：5 分钟。

游戏方法

1. 教师在与幼儿有一定距离的位置放置玩具收纳筐，一边拿出玩具一边用期待的语气说："宝宝快过来，我想跟你玩。"

2. 吸引幼儿趴在地板上爬或者走过来拿取自己喜欢的玩具，并鼓励幼儿："你真棒，我跟你一起玩。"

游戏延伸

当幼儿动作熟练后，可将玩具放置在有一定高度的位置，引导幼儿想办法拿取。

观察建议

幼儿向教师靠近和选取玩具的意愿。

游戏 4：购物小推车

游戏经验

掌握用手推的动作，锻炼身体的协调性和指令感。

游戏准备

1. 游戏材料：玩具购物小推车。
2. 游戏人数：2~4 人。
3. 游戏时长：5 分钟。

游戏方法

1. 教师提前设置一些购物摊位，引导幼儿推购物车去购物。

2. 教师给出指令："我们要买一些苹果……"，引导幼儿将物品放入购物车中。

游戏延伸

增加推车行经的障碍物，引导幼儿绕过障碍物推车。

观察建议

幼儿推车前进的平衡能力和指令接收能力。

游戏 5：变大变小

游戏经验

练习蹲下与站立的动作，锻炼反应速度，初步感知大与小的概念。

游戏准备

1. 游戏材料：儿歌音乐律动。
2. 游戏人数：2~6 人。
3. 游戏时长：5 分钟。

游戏方法

教师与幼儿面对面站好，示范动作："我的身体变大了"（站立伸展四肢）和"我的身体变小了"（蹲下低头环抱双膝）。

游戏延伸

加快指令速度，引导幼儿反复尝试。

观察建议

幼儿是否能根据指令做出对应的动作。

游戏 6：小动物走路

游戏经验

练习身体的协调性，想象力和模仿能力。

游戏准备

1. 游戏材料：儿歌音乐律动。
2. 游戏人数：2~6 人。
3. 游戏时长：5 分钟。

游戏方法

1. 教师一边唱儿歌一边跟随音乐做律动，模仿小动物走路的姿势，引导幼儿模仿。

2. 播放音乐，让幼儿自己发挥想象力，做出不同的动作表演，并给予相应的鼓励。

游戏延伸

增加多种小动物，拓展幼儿的认知。

观察建议

幼儿对模仿小动物的喜爱程度以及模仿和自创的意愿。

游戏 7：小车钻隧道

游戏经验

学习用四肢着地支撑身体爬行，锻炼四肢肌肉力量。

游戏准备

1. 游戏材料：消防车、公交车、小汽车等交通工具（玩具）。

2. 游戏人数：2~4 人。

3. 游戏时长：5 分钟。

游戏方法

1. 让幼儿自由拖动小车玩具，教师示范四肢着地支撑身体，告诉幼儿这是隧道，鼓励幼儿把车推过去。

2. 引导幼儿轮流当隧道，另一个推车进行游戏。

游戏延伸

引导幼儿熟悉活动流程之后更换不同的小车进行游戏，如"消防车过隧道啦"，鼓励幼儿找到消防车并推车钻过隧道。

观察建议

幼儿四肢着地爬行时手脚的灵活性、速度等。

游戏 8：拾秋

游戏经验

喜欢在户外场地自然行走、跑、下蹲、用手捡物品等动作。

游戏准备

1. 游戏材料：带领幼儿到有树叶飘落的地方，小篮子。

2. 游戏人数：2~6 人。

3. 游戏时长：5 分钟。

游戏方法

1. 教师以"树叶在秋风中跳舞"的情景引入游戏，鼓励幼儿倾听教师指令，如"每人捡一片叶子"等。

2. 幼儿在户外场地自然地走、跑到有树叶的地方，下蹲捡起一片片树叶放进篮子里。

游戏延伸

引导幼儿比较两片树叶的大小，并为幼儿的表现给予鼓励和肯定。

观察建议

幼儿在下蹲站起时的平衡感。

游戏 9：小白兔的聚会

游戏经验

学习双脚跳的动作，增强身体动作的协调性，认识胡萝卜和青菜。

游戏准备

1. 游戏材料：小白兔相关儿歌律动、胡萝卜、青菜。

2. 游戏人数：2~5 人。

3. 游戏时长：5 分钟。

游戏方法

1. 教师和幼儿扮演小白兔，鼓励幼儿模仿小白兔的动作，教师在幼儿掌握双脚蹦跳的基本动作后，播放儿歌做律动。

2. 当儿歌结束后，教师说"小白兔吃胡萝卜"时，幼儿马上跳去吃胡萝卜；当教师说"小白兔吃青菜"时，幼儿马上跳去吃青菜。

游戏延伸

可以调整青菜、胡萝卜与幼儿之间的距离，鼓励幼儿向前跳。

观察建议

幼儿在跳时是否能屈膝。

游戏 10：小猴子摘香蕉

游戏经验

在长方形体能平衡垫上行走，控制身体的平衡。

游戏准备

1. 游戏材料：长方形体能平衡垫、香蕉玩具、小篮子。

2. 游戏人数：2~5 人。

3. 游戏时长：5 分钟。

游戏方法

1. 教师以"小猴子要去河对面摘香蕉、过桥时要踩稳，可不要掉河里了"的情景引入游戏，帮助幼儿顺利地走到河对岸。

2. 摘完香蕉后，再鼓励幼儿过桥回来（一次只能摘一个香蕉）。游戏继续进行。

游戏延伸

教师可以在桥上放一些障碍物，让幼儿想办法绕过障碍物过桥。

观察建议

幼儿是否能在行走时保持身体平衡不掉下桥。

游戏 11：气球碰碰碰

游戏经验

练习原地双脚跳的动作，增加下肢肌肉力量的发展，分辨红、绿两种颜色。

游戏准备

1. 游戏材料：红、绿颜色气球吹气悬挂。

2. 游戏人数：2~4 人。

3. 游戏时长：5 分钟。

游戏方法

1. 教师引导幼儿跳起来抓住自己喜欢的气球，鼓励幼儿说出该气球的颜色。

2. 听教师指令进行游戏，如"请小朋友抓住红色气球"。

游戏延伸

教师与幼儿抛接气球。

观察建议

幼儿是否能双脚同时跳离地面一定高度。

游戏 12：我的小脚丫

游戏经验

在根据指令用自己的小脚丫游戏时，发掘自己的能力，提升身体反应能力。

游戏准备

1. 游戏材料：干净的地毯（教师与幼儿均光脚）。

2. 游戏人数：2~4人。

3. 游戏时长：5分钟。

游戏方法

1. 教师引导幼儿光脚坐在地毯上，把自己的小脚伸出去，教师逐一用手触碰幼儿的小脚并问："这只小脚是谁的？"

2. 幼儿马上把脚缩回，并鼓励幼儿表达："是我的。"

游戏延伸

教师给出指令，如"我的小脚举起来"，并示范动作，鼓励幼儿模仿。

观察建议

幼儿是否能够将自己的小脚缩回来。

游戏 13: 一、二、三，贴

游戏经验

1. 感受人体接触和人际交往的愉悦。

2. 通过身体的接触，了解自己的身体，锻炼身体各部位的灵活性。

游戏准备

1. 游戏材料：音乐。

2. 游戏人数：1~4 人。

3. 游戏时长：5 分钟。

游戏方法

1. 两位教师坐在一起面向幼儿示范，一位教师说"一、二、三，贴"的时候，另外一位教师的脸颊轻轻贴上对方的脸。

2. 让幼儿坐成一排，面对教师，教师说"一、二、三，贴"的同时扶着幼儿的脸颊非常轻柔地贴到你。

3. 教师与每一位幼儿都轻轻地"贴"一次脸颊，并引导幼儿说"贴"。

游戏延伸

继续这一游戏，每次轻轻贴不同的部位，例如，手、脚、胳膊肘、膝盖、头、鼻子、耳朵或者下巴。

观察建议

幼儿对"贴"的力度掌握不相同，需要教师引导幼儿感受"贴"的力度，避免受伤。

游戏 14：上下楼梯

游戏经验

1. 学习儿歌，了解上下楼梯的规则与注意事项。

2. 能在教师帮助下，双脚交替上下楼梯。

3. 初步树立幼儿的安全意识，养成上下楼梯靠边走，不推挤的良好习惯。

游戏准备

1. 游戏材料：一段感统软包楼梯、一段带扶手的空楼梯、幼儿每人一对小猫贴纸（黑白两色小猫贴纸）。

2. 游戏人数：1~4 人。

3. 游戏时长：5 分钟。

游戏方法

1. 教师在班级内先开展儿歌学习，为幼儿做好上楼示范，讲述上楼梯的规则和注意事项。

2. 引导幼儿将各自的一对小猫贴纸分别贴在自己的左右脚上。

3. 教师边念儿歌"小白猫，向前走。小黑猫，超过它。小白猫，走呀走。小黑猫，追上它"，边扶着幼儿双脚交替上楼梯。在上楼梯的过程中，教师需引导幼儿靠右走。

4. 再利用小猫贴纸进行下楼的游戏。

游戏延伸

在幼儿熟悉上下楼梯的规则后，可以让幼儿尝试自主握住栏杆上下走。

观察建议

幼儿上下楼梯的姿势、协调性以及对上下楼梯规则的遵守情况。

游戏 15：跳跳糖

游戏经验

1. 认知身体，学习双脚向前跳以及落地的技能。

2. 掌握双脚向前跳以及落地的技能，锻炼幼儿的跳跃能力和下肢肌肉力量，提高幼儿的身体协调能力。

3. 在游戏中，体验参与体育游戏的乐趣。

游戏准备

1. 游戏材料：软包垫若干、有一定高度的软垫 2 块。

2. 游戏人数：1~4 人。

3. 游戏时长：5 分钟。

游戏方法

1. 教师先带幼儿在软包垫上练习蹲下起立的动作，进行热身。

2. 教师先行示范，告知幼儿以双脚落地的姿势完成跳跃。接着，教师牵着幼儿的手，让幼儿从一定高度往下跳。

3. 当幼儿熟练掌握后，可尝试放手跳。

游戏延伸

可以运用一些道具，如感统圈、训练砖等道具，邀请幼儿进行跳跃。

观察建议

幼儿跳跃以及落地的姿势，是否能平稳落地以及能否大胆自信玩游戏。

游戏 16：趣玩沙

游戏经验

1. 认识小工具及其功能，感知沙的特性。

2. 能自己推沙、铲沙，锻炼大动作与精细动作协调，能使用小工具进行游戏。

3. 对沙和玩沙工具产生好奇心和探索欲望。

游戏准备

1. 游戏材料：沙池、各种玩沙工具。

2. 游戏人数：1~4 人。

3. 游戏时长：5 分钟。

游戏方法

1. 户外活动，幼儿运用各种玩沙工具，在沙池自由地进行挖沙坑、堆沙丘、制沙模等活动。

2. 教师一边让孩子了解沙的特性，鼓励幼儿自由探索。

游戏延伸

教师示范堆小山，然后在山下挖地道，引起幼儿注意；鼓励幼儿尝试各种方法，初步了解基本的拍打、掏空等玩沙技巧，体验乐趣。

观察建议

幼儿对沙的颜色、触感等基本性质以及流动性、可塑性等特性的理解程度以及能否在游戏中大胆探索。

游戏 17：照镜子

游戏经验

1. 学习照镜子，对保持自己脸部的清洁感到舒服。

2. 了解镜子的作用，对镜子中自己的影像感兴趣。

3. 激发幼儿对镜子的好奇心，体验照镜子游戏的快乐。

游戏准备

1. 游戏材料：大镜子、小镜子若干。

2. 游戏人数：3~5 人。

3. 游戏时长：5 分钟。

游戏方法

1. 教师手拿一把镜子，面对自己，示范如何照镜子。

2. 逐一给幼儿照镜子，并引导幼儿对着镜子笑一笑。

3. 告诉幼儿每天都应该照照镜子，看看自己的脸是否干净，做一个爱干净的好宝宝。

游戏延伸

可以让幼儿自己拿一把小镜子照镜子，互相对着同伴照镜子。

观察建议

幼儿是否认识镜子的作用。

游戏 18：健康的宝宝

游戏经验

1. 了解每个人都会生病，生病会对我们的生活造成影响。

2. 了解生病给身体带来的不适，初步学会预防生病的方法。

3. 在活动中让所有的幼儿都来"说一说"，锻炼幼儿的语言发展水平。

游戏准备

1. 游戏材料：生病的图片。

2. 游戏人数：3~5 人。

3. 游戏时长：5 分钟。

游戏方法

1. 导入提问：请小朋友仔细地观察几张图片，看看图片上的这些小朋友。这是怎么了？你生过病吗？谁能说说自己在生病的时候感觉怎么样？

2. 引导幼儿说出预防疾病的方法，如多喝温开水、多吃蔬菜水果、不挑食、多晒太阳、按时睡觉等。

3. 同时在活动中让所有的幼儿都来"说一说"，锻炼幼儿的语言发展能力。

游戏延伸

宝宝们在说的过程中培养了语言能力，对健康有更进一步的认识。回家我们也可以鼓励爸爸妈妈一起说说如何预防疾病，做健康的宝宝。

观察建议

幼儿能否认识到生病对我们生活的影响。

游戏 19：蚂蚁爬爬

游戏经验

1. 练习手、脚着地爬，尝试不同爬的方法。

2. 感受与同伴共同游戏的快乐。

游戏准备

1. 游戏材料：泡沫地垫、蚂蚁头饰、背景音乐——《健康歌》、枕头等障碍物。

2. 游戏人数：3~5 人。

3. 游戏时长：5 分钟。

游戏方法

1. 教师戴上头饰，扮演蚂蚁，示范"爬"的动作，宝宝观察。

2. 请宝宝们戴上蚂蚁头饰假扮睡觉，教师扮公鸡叫"喔－喔－喔"，把"睡着"的宝宝们叫醒。

3. 请托班宝宝在泡沫垫上自由爬行。

游戏延伸

宝宝们在爬的过程中感受到："太挤了！""那应该怎么办呢？"引导宝宝能够"一个跟着一个爬"。体育游戏中，规则很重要，帮助幼儿对规则有初步的认识。

观察建议

婴幼儿是否愿意尝试不同爬行的方法。

游戏 20：舒服的枕垫

游戏经验

1. 在不同的枕垫上活动，感受其松软和舒服。

2. 走、滚、爬、跳的练习。

游戏准备

1. 游戏材料：软性地板，不同的枕垫。

2. 游戏人数：5~6 人。

3. 游戏时长：5 分钟。

游戏方法

1. 教师把各种不同的枕垫随意放置在软性地垫上，引导幼儿赤足在软垫上走动、爬行。

2. 教师和幼儿一起抱着软垫在软性地板上滚动，感受其松软。

游戏延伸

教师可以用软垫围成一个大"坑"，扶着幼儿站到软垫上，向"坑"里跳。

观察建议

幼儿示范享受在枕垫上的活动。

游戏 21：天天锻炼身体好

游戏经验

1.通过手臂姿势的变化，表现出运动的不同姿势。

2.知道锻炼能让身体更健康。

3.初步了解健康小常识。

游戏准备

1.游戏材料：油画棒、热身音乐。

2.游戏人数：3~5 人。

3.游戏时长：5 分钟。

游戏方法

1.导入提问：我们为什么要天天做操？（做操是为了锻炼身体，让我们的身体更健康。）

2.教师：小朋友们，我们现在每天都会进行锻炼，那你们还记得我们平时热身时的动作吗？我请一些小朋友来做做看。请个别幼儿上来做一些动作：侧平举、手上举、手叉腰等。

3.引导幼儿观察做手臂姿势展现的不同姿态。

游戏延伸

宝宝们在运动的过程中感受到了运动的快乐，增强了体质，身体也强壮起来了，回家我们也可以鼓励爸爸妈妈跟我们一起运动！

观察建议

幼儿能否做出不同姿态的手臂姿势。

游戏 22：爬爬乐

游戏经验

1. 了解自己手与脚的能力，在原有动作发展水平的基础上，能够逐步学会爬行动作。

2. 能手脚协调地钻爬，锻炼手部、腿部、腰部等身体大动作的协调运动能力，培养空间方向、距离移动等能力。

3. 体验游戏的快乐，增强不怕困难、勇往直前的心理品质，体验手脚并用做游戏的乐趣。

游戏准备

1. 游戏材料：软硬适中的地垫、画好起点和终点线标志、空纸箱、玩具、音乐——《大王叫我来巡山》。

2. 游戏人数：1~4人。

3. 游戏时长：5分钟。

游戏方法

1. 教师示范游戏玩法：先将纸箱横放在地上，教师从一头顺利爬过"山洞"，到达另一头，并告诉幼儿："快来和我一起去探险吧！看看山的那头有什么？"

2. 播放音乐，请幼儿开始游戏：根据场地大小，安排2~5人1组比赛，看谁先拿到终点处的玩具。当他们顺利完成后，可以给予一个亲切的拥抱。

游戏延伸

视幼儿个体的年龄、能力、兴趣等进行设计和调整，如缩短或拉长起点与终点的距离，路途中设置障碍物，短距离拐弯爬行等。

观察建议

幼儿爬过"山洞"的速度、所花费的时间、爬行的动作以及能否勇敢爬过"山洞"。

游戏 23：我是小小"不倒翁"

游戏经验

1. 了解不倒翁现象，感知自己手部的力量，提高身体平衡性。

2. 能根据教师轻推的方向控制身体的摆动，在游戏过程中锻炼手臂力量以及抓握能力。

3. 喜欢体育游戏，感受游戏的乐趣。

游戏准备

1. 游戏材料：玩具不倒翁若干、小地垫若干、舒缓的音乐。

2. 游戏人数：1~4 人。

3. 游戏时长：5 分钟。

游戏方法

1. 让幼儿摇不倒翁，使幼儿体会到：他用的力大，不倒翁摇的就时间长，他用的力小，不倒翁就摇的时间短。在活动过程中，教师与幼儿进行语言交流，如教师用"摇摇摇""不倒翁""倒下去""站起来"等引导幼儿进行操作，感知不倒翁的运动原理。

2. 在感知不倒翁的原理后，一名教师坐在小地垫上，屈膝团身，双手抱腿，扮演不倒翁，并请另一名教师协助示范，告知幼儿游戏玩法：教师轻推小朋友时，请微微朝该方向倒，但是注意要告知幼儿："你是小小不倒翁，可不能让自己倒下噢！"

3. 请幼儿坐在小地垫上，扮演不倒翁，在音乐声中，跟随教师推动力量的方向运动。教师在游戏过程中，需要边推边告知幼儿不倒翁倒向的方向。

游戏延伸

幼儿掌握基本技巧后，教师可以发出指令，请幼儿做相应动作。

观察建议

幼儿手部的抓握能力、平衡能力以及能否快乐自信玩游戏。

游戏 24：在哪里

游戏经验

1. 熟悉自己的五官和身体各部位及名称，对自己的身体有良好的感觉。

2. 发展动作的协调性，产生语言与动作的联结，培养幼儿节奏感。

游戏准备

1. 游戏材料：每人一面小镜子。

2. 游戏人数：3~5 人。

3. 游戏时长：5 分钟。

游戏方法

幼儿坐在镜子前面，教师一边念儿歌，一边指出自己的五官部位，引导幼儿找出自己的五官或身体的其他部位，并模仿发音。

游戏延伸

指认身体的细小部分，如肚脐、胳肢窝等，以增加幼儿的兴趣。

小手拍拍（儿歌）

小手拍拍，小手拍拍，手指伸出来，手指伸出来。眼睛在哪里？眼睛在这里。

小手拍拍，小手拍拍，手指伸出来，手指伸出来。鼻子在哪里？鼻子在这里。

小手拍拍，小手拍拍，手指伸出来，手指伸出来。嘴巴在哪里？嘴巴在这里。

小手拍拍，小手拍拍，手指伸出来，手指伸出来。耳朵在哪里？耳朵在这里。

……（儿歌可根据幼儿的能力不断变化或延长。）

观察建议

幼儿能否准确找到五官或身体部位的位置。

游戏 25：扭动发声玩具

1. 思考自己手部动作的结果，体会自己的力量，有初步的自我意识。

2. 在游戏中倾听发声玩具的声音，发展小手的灵活性。

游戏准备

1. 游戏材料：上发条的幼儿发声玩具或音乐盒若干。

2. 游戏人数：1~4 人。

3. 游戏时长：5 分钟。

游戏方法

1. 教师先扭动发声玩具，发声玩具就能播放声音；关上，声音就停止了，如此示范几次。

2. 教师先拿着幼儿的小手去扭动发声玩具，再关上，让幼儿体会自己的动作和声音间的关系，并用"XX 的小手真能干"鼓励幼儿自己动手去开关发声玩具。

3. 如果没有发声玩具，可用或能用音乐盒代替，但教师应手把手地教会幼儿学习扭动玩具上的发条。

游戏延伸

进行发音练习，如用"啦啦啦""哒哒哒"等发音模仿能上发条的发声玩具里的声音。

观察建议

幼儿对扭动发条的技能需要教师重复性的引导才能掌握。

游戏 26：种蘑菇

游戏经验

锻炼幼儿的走、弹、跳能力。

游戏准备

1.游戏材料：体操圈、纸杯、海洋球。

2.游戏人数：2~4 人。

3.游戏时长：4 分钟。

游戏方法

教师向幼儿展示可以跨跳或双脚跳过体操圈，然后将海洋球放入纸杯即可，邀请幼儿参加游戏，不会跨跳或跳的幼儿，教师可以在旁边反复示范。

游戏延伸

根据游戏反馈判断是否能增加游戏难度，请幼儿双手各拿一个海洋球，跳过体操圈的数量。

观察建议

幼儿在游戏结束后是否能够掌握正确的跨跳或弹跳方式。

游戏 27：捡水果

培养幼儿的抓握能力、手眼协调能力和理解能力。

游戏准备

1. 游戏材料：各类仿真水果。
2. 游戏人数：2~4 人。
3. 游戏时长：4~6 分钟。

游戏方法

一位教师说水果名字，另一位教师将对应的水果捡回来，随后请幼儿参加"捡水果"游戏，捡水果的距离应由近到远，避免摔倒，直到他们将所有的水果捡回，游戏结束。

游戏延伸

及时给予幼儿鼓励，后续可以用其他玩具或物品代替水果，选择不同的游戏地点。

观察建议

幼儿在捡水果的过程中是否是根据教师的指令准确无误地将水果捡回来。

游戏 28：在操场上玩

游戏经验

1. 认识户外活动场地，并在场地上赤足活动。

2. 感知脚部力量，刺激脚部穴位，发展大动作的灵活性。

游戏准备

1. 游戏材料：干净的户外场地。

2. 游戏人数：1~4 人。

3. 游戏时长：5 分钟。

游戏方法

1. 教师和幼儿来到户外场地上，教师引导幼儿脱鞋子。

2. 把鞋子放在指定的位置上，教师利用情境式的游戏背景，引导幼儿在场地内做走、跑、爬等游戏。

3. 游戏过程中教师需要陪伴幼儿进行游戏，及时引导鼓励并注意幼儿的运动安全。

游戏延伸

可根据幼儿的喜好变换游戏。

观察建议

户外场地需要教师提前排查安全隐患。

游戏 29：好玩的滑滑梯

游戏经验

1. 认识学校的体育器械，学习玩耍的方法。

2. 自由地攀爬，手脚协调。

游戏准备

1. 游戏材料：适合幼儿玩耍的滑梯。

2. 游戏人数：1~4 人。

3. 游戏时长：5 分钟。

游戏方法

1. 教师一边念儿歌，一边带幼儿来到托育中心的户外场地。

2. 引导他们观察滑梯，教师示范滑滑梯的玩法和注意事项。

3. 教师指导幼儿排队一个跟一个地练习滑滑梯。

游戏延伸

引导等待轮候的幼儿念儿歌。

滑滑梯（儿歌）

小朋友，滑滑梯；

滑下来，像飞机。

观察建议

引导幼儿掌握滑滑梯的玩法，学习排队，树立简单的规则意识。

游戏 30：走走跑跑

游戏经验

1. 认识幼儿园的户外场地，知道在这里可以和教师、小朋友跑跑和跳跳。

2. 感受在户外场地运动的快乐。

游戏准备

1. 游戏材料：幼儿皮球、手拉车等玩具。

2. 游戏人数：1~4 人。

3. 游戏时长：5 分钟。

游戏方法

1. 教师和幼儿来到户外场地，教师引导幼儿观察和认识皮球和手拉车等体育器械。

2. 教师引导幼儿学习拉手拉车的方法。

3. 教师鼓励幼儿拿皮球或手拉车在户外场地走走、跑跑、跳跳。

游戏延伸

引导幼儿利用皮球和手拉车进行走和跑的练习。

观察建议

鼓励幼儿多与器械互动，锻炼手眼协调能力。

游戏 31：醒醒，睡睡

1.巩固对身体各部分的认识，感受身体各部位活动时的快乐。

2.感受儿歌的节奏，能通过儿歌做出相应动作。

游戏准备

1.游戏材料：节奏明显、重复性句式为主的儿歌。

2.游戏人数：3~5 人。

3.游戏时长：5 分钟。

游戏方法

1.教师示范边读儿歌边做动作，念儿歌时可以放缓速度，并鼓励幼儿跟着做。

2.接着由教师读，带领幼儿跟着做动作，重复几次，让幼儿逐步发展到能跟读跟做。

3.可让幼儿听到教师念到身体哪一部分名称，就指出自己身体的相应部位，也可由教师指身体的一部分，幼儿读相应的名称。

游戏延伸

在一些日常生活过渡环节重复进行，念儿歌、做动作。

醒醒（儿歌）

太阳公公眯眯笑，宝宝醒来了；眼睛睁开，醒醒；小手张开，醒醒；身体伸直，醒醒；小脚蹬蹬，醒醒；小宝宝笑笑，醒来了。

睡睡（儿歌）

月亮姐姐眯眯笑，宝宝要睡觉，眼睛闭上，睡觉；小手放好，睡觉；身体躺下，睡觉；小脚不动，睡觉；小宝宝笑笑，睡着了。

观察建议

教师在读儿歌时的速度可以减缓，让幼儿能理解儿歌的意思，以便于他们知道儿歌的每一段指的是身体哪个部位。

游戏 32：趣味手球

游戏经验

锻炼幼儿的手眼协调能力，培养幼儿的空间感知能力。

游戏准备

1. 游戏材料：体能圈、胶带、海洋球。

2. 游戏人数：6 人。

3. 游戏时长：5 分钟。

游戏方法

1. 一位教师示范站在红线外向缠满胶带的体操圈上抛球（抛过去球会粘在胶带上），请幼儿体验游戏，体验结束后为幼儿分组，请三组幼儿听教师的指令开始比赛。

2. 增加游戏难度，如指定海洋球的颜色，锻炼幼儿听指令和辨别颜色的认知能力。

游戏延伸

父母与孩子互动，一起体验这个游戏，增加亲子感情。

观察建议

幼儿的上肢力量能否将球抛到指定位置。

游戏 33：踩沙子

游戏经验

1. 发展幼儿的触觉感知能力。
2. 增强幼儿的肌肉协调性和平衡感。
3. 激发幼儿对自然物质的好奇心。

游戏准备

1. 游戏材料：浅底的容器或沙池。
2. 游戏人数：3~6 人。
3. 游戏时长：5 分钟。

游戏方法

1. 教师先光脚站在沙池里，让幼儿观察沙子的颜色、质感，并用手触摸感受。

2. 鼓励幼儿脱掉鞋袜，赤脚踏入沙池，感受沙子在脚下的感觉。引导幼儿用脚丫在沙子上留下印迹，并询问幼儿踩在沙子上的感受。游戏结束及时为幼儿清洗手脚和抖落身上的沙子。

游戏延伸

使用铲子、桶等工具，和幼儿一起玩耍，比如，堆积沙堡、挖沙坑等。

观察建议

确保使用的沙子是安全无害的，教师应关注每一位幼儿，避免幼儿误食或将沙子带到眼睛或其他敏感部位。

游戏 34：宝宝爱干净

游戏经验

1. 了解"脏"和"干净"的区别。
2. 培养幼儿对清洁的兴趣和习惯。

游戏准备

1. 游戏材料：水盆、干净的水、泥土。
2. 游戏人数：2~4 人。
3. 游戏时长：4~6 分钟。

游戏方法

教师在双手上蘸取少量泥巴，在干净的水中将手洗干净，让幼儿观察教师洗手前和洗手后手的变化，引导幼儿自己操作体验，随后教师讲解爱干净的好处。

游戏延伸

结合其他游戏培养幼儿勤洗手、洗脚、洗澡的良好卫生习惯。

观察建议

观察幼儿在体验过程中是否将手洗干净，给予积极的反馈，鼓励幼儿养成讲卫生的良好习惯。

游戏 35：枕头与软垫的奇妙之旅

游戏经验

增强幼儿的身体协调能力和平衡感，提高幼儿解决问题的能力。

游戏准备

1. 游戏材料：枕头和软垫。
2. 游戏人数：3~5 人。
3. 游戏时长：5 分钟。

游戏方法

教师走过用枕头和软垫铺的弯曲小路，向幼儿展示游戏方法，鼓励他们光脚走在这条路上，体验不同材质的感觉。如果幼儿遇到需要爬升或下降的地方，鼓励他们尝试自己解决，必要时给予适当的帮助。

游戏延伸

当幼儿完成整个路程后，给予积极的反馈和鼓励，庆祝他们的成就。可以邀请幼儿一起清理场地，整理枕头和软垫，培养责任感。

观察建议

若幼儿表现出疲劳或失去兴趣，应适时结束活动，避免过度劳累。

游戏 36：荡秋千

游戏经验

游戏经验

1. 认识秋千，知道荡秋千要抓紧扶手。学会用"推""推我""推高高"等简单词汇表达自己的想法。

2. 刺激前庭觉的发展，提高幼儿身体协调、平衡以及空间认知能力。

3. 愿意尝试坐秋千，体验荡秋千的快乐。

游戏准备

1. 游戏材料：座椅型秋千。

2. 游戏人数：1~4 人。

3. 游戏时长：3~5 分钟。

游戏方法

1. 教师抱着幼儿进入秋千，并让其紧握扶手。待幼儿坐稳后，轻轻前后晃动座椅，让幼儿感受空间的变化。

在游戏过程中，教师可轻声念儿歌："一二三，三二一，小宝宝，荡秋千。荡过河，荡过山，一荡荡到白云边。"

2. 等幼儿适应后，逐渐加大摆幅，体验摆幅由小到大变化的乐趣，并引导幼儿用"推""推我""推高高"等简单词汇表达自己的想法。

游戏延伸

带领幼儿进一步体验改变方向以及速度带来的新体验，探索荡秋千的不同玩法。

观察建议

幼儿能否抓紧扶手、能否在活动中运用简单词汇表达自己的想法以及能否快乐自信玩游戏。

第 五 辑
劳动与生活

发展目标

- 引导幼儿参与简单的生活自理活动，锻炼手部精细动作，培养自主进食意识。
- 鼓励幼儿在成人帮助下，参与简单的家务劳动，培养劳动意识。

游戏 1：我会叠毛巾

游戏经验

学习用对折的方法叠毛巾，发展手部小肌肉的协调能力，养成良好的生活习惯。

游戏准备

1. 游戏材料：正方形的小毛巾。
2. 游戏人数：1~4 人。
3. 游戏时长：5 分钟。

游戏方法

1. 教师出示毛巾，引导幼儿进行观察，并简单地介绍毛巾的边和角。

2. 教师示范和讲解叠毛巾的方法：用角对角、边对边的方法对折毛巾；鼓励幼儿尝试自己操作，教师在旁边进行观察，让幼儿逐步掌握折叠毛巾的方法。

游戏延伸

培养幼儿学会用小毛巾擦脸、擦汗、洗小毛巾等动手能力。

观察建议

幼儿主动参与叠毛巾的过程，并感受到乐趣。

游戏 2：宝宝分糖果

游戏经验

1.练习右手拿勺子和左手拿碗，熟悉使用勺子的技能，激发幼儿自己的事情自己做的欲望。

2.学习初步的颜色对应。

游戏准备

1.游戏材料：大勺子，五色木珠子，与木珠子颜色一一对应的小碗。

2.游戏人数：1~4人。

3.游戏时长：5分钟。

游戏方法

1.教师引导幼儿用自己的右手拿好勺子。

2.引导幼儿用自己的左手拿好装有小木珠的小碗。

3.邀请幼儿观察木珠颜色和碗的颜色，鼓励幼儿舀起各色木珠送到相应颜色的小碗里。

游戏延伸

可更换其他材料进行游戏，碗和材料的颜色要对应。

观察建议

幼儿对勺子使用技能的掌握程度及颜色分类的对应度。

游戏 3：宝宝自己会喝水

游戏经验

1. 知道拿东西要小心，尝试用双手拿杯子喝水。

2. 愿意做自己力所能及的事。

游戏准备

1. 游戏材料：人均一个带把手的不锈钢水杯，杯内少量温水。

2. 游戏人数：1~4 人。

3. 游戏时长：5 分钟。

游戏方法

1. 第一次，教师请幼儿一只手拿起杯子（不要求方式），只要幼儿将杯子拿起离开桌面，教师便可进行言语鼓励。

2. 第二次，教师做端平杯子喝水动作进行示范，随后邀请幼儿尝试平平地端起杯子，另一只手扶住杯子，并把杯子慢慢移至嘴边并模仿喝水的"咕噜、咕噜"声音，过程中要及时协助和鼓励幼儿，使他们建立信心。

3. 第三次，当幼儿熟练地端杯子后，教师在杯子里倒入少量温水，请幼儿自己喝水。

游戏延伸

邀请端好杯子的幼儿喝现榨果汁，使幼儿更有自己端杯子喝的欲望。

观察建议

幼儿对自己端杯子这件事的意愿以及双手持杯子喝水动作的平稳度。

游戏 4：宝宝想尿尿

游戏经验

1. 听成人讲故事，知道向成人表达大小便需求。

2. 模仿脱裤子的动作，在成人引导下在固定的地方大小便，不尿湿裤子。

游戏准备

1. 游戏材料：教师创编故事《宝宝想尿尿》。

2. 游戏人数：1~4人。

3. 游戏时长：5分钟。

游戏方法

1. 教师讲故事——《宝宝想尿尿》，引导幼儿知道有大小便需求时要告诉成人。

2. 引导幼儿用肢体或言语表达大小便的需求，学习说句子："我要尿尿、我要大号。"

3. 引导幼儿前往固定如厕地点，请幼儿模仿脱裤子的动作。

游戏延伸

日常中注意，当幼儿表达排泄需求时及时予以强化——言语鼓励、小红花等。

观察建议

幼儿对大小便需求的表达方式。

游戏 5：宝宝上厕所

游戏经验

1.知道去厕所进行排泄，在教师引导提示下，养成良好的排泄习惯。

2.排泄时，能在便盆上坐三分钟左右。

游戏准备

1.游戏材料：相关场地，舒缓轻音乐，如厕舒缓提示音。

2.游戏人数：1~4 人。

3.游戏时长：5 分钟。

游戏方法

1.播放舒缓轻音乐，引导幼儿放松心情。

2.在固定的时间里播放如厕提示音并告诉幼儿大小便时间到啦，请幼儿去厕所进行排泄。厕所里，教师引导并帮助幼儿脱下裤子，坐在便盆上。

3.教师要陪着宝宝，给宝宝念儿歌"嘘、嘘、嘘，我要尿尿啦；嘿呦嘿呦，我想拉大大"。

游戏延伸

教师对已经排便的幼儿及时给予言语的称赞，并随之给予小红花等物质奖励，对没有排便的幼儿勤加鼓励，并进行多次练习，每次练习不宜超过三分钟。

观察建议

幼儿是否能够在教师的引导下在固定时间如厕，关注幼儿如厕时的情绪状态。

游戏 6：神秘套娃

游戏经验

1. 细心探索玩具，有爱护玩具的态度。

2. 观察和感知物体的排序，精细动作发展，想象力和好奇心的培养。

游戏准备

1. 游戏材料：套娃（或套叠玩具）数个。

2. 游戏人数：2~4 人。

3. 游戏时长：5 分钟。

游戏方法

1. 教师示范套娃（或套叠玩具），在幼儿面前摇晃发出声响，展示套叠玩具玩法并激发兴趣。

2. 鼓励幼儿自己动手打开套娃（或套叠玩具），观察并自主探索，发现套叠玩具的玩法。

3. 教师适时指导，运用语言表情等对幼儿的成功表示惊奇和赞赏。

游戏延伸

提供各种类型的套娃（或套叠玩具），让幼儿继续游戏，引导其尝试以从高到矮等方式进行排序。

观察建议

幼儿探索玩具，将物体进行简单排序的能力。

游戏 7：积木快集合

游戏经验

1.学习收拾玩具，体验成功喜悦和自信。

2.学习观察和分类，训练精细动作，培养手眼协调的能力。

游戏准备

1.游戏材料：10 块以内的小型积木数盒。

2.游戏人数：2~4 人。

3.游戏时长：5 分钟。

游戏方法

1.教师示范收拾积木，让幼儿产生模仿的兴趣。

2.教师引导幼儿把积木放进积木盒里。

3.幼儿练习，教师指导并鼓励。

游戏延伸

可以按积木的大小、颜色、形状等学习分类，熟练后可以适当增加区分的难度。

观察建议

幼儿收拾玩具以及对物休进行简单分类的能力。

游戏 8：帮小狗找物品

游戏经验

1.爱护生活用品，认真做事情，体验成功乐趣。

2.观察与物品配对，精细动作发展。

游戏准备

1.游戏材料：小狗手偶，数量5个以内的用品（如鞋袜）。

2.游戏人数：2~4人。

3.游戏时长：5分钟。

游戏方法

1.教师扮演小狗角色，出示一只袜子，向幼儿寻求帮助找同款的另一只。

2.引导幼儿观察，并帮忙找到与小狗袜子匹配的另一只。

游戏延伸

为对应物品找到自己的好朋友（练习配对）。

观察建议

幼儿进行物品配对的能力。

游戏 9：帮小动物找朋友

游戏经验

1. 乐意帮助小动物，对同伴表示友好的态度。

2. 学习用语言和行动表达自己的情感。

3. 初步了解爱护小动物的方法。

游戏准备

1. 游戏材料：小猫、小狗、小兔、小猪玩具各 1 只。

2. 游戏人数：1~4 人。

3. 游戏时长：5 分钟。

游戏方法

1. 教师发放卡片，让幼儿辨认卡片上有什么动物。

2. 教师询问小朋友喜欢什么动物？家里有没有养小宠物？请小朋友分享交流自己的想法。

（1）观看视频：教师先播放人们救助小动物的视频，询问小朋友视频里发生了什么事情，并让幼儿判断视频中人们的做法是否正确。

（2）教师小结：小动物是我们的朋友，我们应该关心保护小动物。

（3）出示一些动物受伤的照片，让幼儿说说小动物们怎么了。

再出示保护小动物的相关图片，引导幼儿学习爱护小动物的方法，激发幼儿爱护小动物的情感。

3. 教师以故事形式请幼儿帮助小动物找朋友，启发他们在带着小动物寻找朋友时运用已学习过的安慰语"小××，你别哭！"。

4. 学习用"我们做朋友""谢谢你"等安慰语言和礼貌用语。

游戏延伸

教师从游戏内容引申，鼓励幼儿在托儿所和同伴、教师成为好朋友，互相关心帮助。

观察建议

幼儿能用语言和行动表达自己的情感。

游戏 10：我们都是好朋友

游戏经验

1. 认识同班的好朋友，对同伴持友好的态度。

2. 用礼貌语，学习用身体动作和语言表达情感。

游戏准备

1. 游戏材料：动物玩偶、幼儿生活照。

2. 游戏人数：1~5 人。

3. 游戏时长：10 分钟。

游戏方法

（一）游戏导入

以游戏引起幼儿兴趣，学说："你好，你好，我们都是好朋友！"激发幼儿参与活动的兴趣。

1. 教师："今天，我们班请来了许多小客人，可是他们都很害羞，要小朋友说一句好听的话才肯出来。"

2. 教师示范：教师拿毛绒玩具与自己做亲密动作，并说："仔细听听，老师是怎么说的？你好，你好，我们都是好朋友！谁出来了？老师刚才是怎么说的？找到朋友我们可以和他碰碰头、亲亲脸！"

3. 教师："还有许多小客人都躲起来了，小朋友和老师一起把小客人请出来吧。"教师与幼儿一起学说短句，教师拿毛绒玩具与幼儿做亲密动作。

4. 请个别幼儿邀请小客人。

（二）友好示意

1. 教师："我们班来了那么多好朋友，小朋友会用一些友好动作来欢迎好朋友吗？"

2. 若小朋友不理解，教师可以示范和好朋友握握手等动作。

3. 鼓励幼儿想出不同的动作来表示对好朋友的友好。

4. 请幼儿之间相互学习友好的动作。

游戏延伸

当幼儿对此游戏熟悉后，可以让他们也出来互相找朋友。

观察建议

观察幼儿在和其他幼儿相处的过程中表现如何，以及语言表达能力是否能达到要求。

游戏 11：我的小娃娃

游戏经验

1. 学习抱玩具娃娃，对玩具有爱护之心。

2. 通过娃娃认识五官，知道放娃娃的玩具柜位置和取放玩具的方法。

游戏准备

1. 游戏材料：幼儿每人一个娃娃。

2. 游戏人数：2~4 人。

3. 游戏时长：5 分钟。

游戏方法

1. 教师把娃娃放在相应的玩具柜里，一边念儿歌一边引导幼儿寻找娃娃：小娃娃，真可爱，我来抱抱你，做你的好妈妈（爸爸）。

2. 当幼儿找到娃娃后，每人抱一个娃娃，教师提示幼儿轻轻拿娃娃、轻轻抱娃娃。

3. 教师用"抱在怀里""轻轻摇""轻轻拍""摸摸脸""亲亲"等动作进行示范，让幼儿学习抱娃娃。

4. 幼儿自由抱娃娃，教师和个别孩子进行交流。教师一边念儿歌一边引导幼儿把娃娃放回玩具柜："小娃娃，真可爱，我是你的好朋友，把你送回家。"

游戏延伸

教师以"娃娃的眼睛在哪里""娃娃的鼻子在哪里""娃娃的嘴巴在哪里""娃娃的耳朵在哪里"等问题引导幼儿认识五官的位置。

观察建议

观察孩子在抱娃娃的过程中情绪的变化。

游戏 12：我的小书包

游戏经验

1. 产生爱护自己物品的情感，知道每天要把自己的书包放在书包架里。

2. 认识书包架的位置和取放书包的方法。

游戏准备

1. 游戏材料：幼儿每人一个小书包。

2. 游戏人数：2~4 人。

3. 游戏时长：5 分钟。

游戏方法

1. 教师以小猴子总爱丢三落四，不见了自己的小书包为引子，引导幼儿寻找自己书包摆放的位置，并找出自己的小书包。

2. 教师以欣赏的语气向大家展示某幼儿的书包，请幼儿互相欣赏书包的颜色、图案等。

3. 《找书包》游戏引导幼儿把所有幼儿的书包全部放在一起，请幼儿们来根据自己书包的特征在规定时间内找到自己的书包。

4. 教师引导幼儿逐一把书包放回书包架，并提示幼儿每天到幼儿园时应把书包放在书包架上。

游戏延伸

帮助幼儿学习把书包里的东西拿出来，认识自己的物品，再放回书包里，并结合日常生活培养自理能力。

观察建议

幼儿对自己物品特征的认识和保管能力。

游戏 13：我的小毛巾

游戏经验

1. 认识和爱护自己的物品，了解自己的能力。

2. 知道我们每天都要使用小毛巾，观察有关图案，对"挂毛巾"有兴趣和信心。

游戏准备

1. 游戏材料：请家长给自己孩子准备一条幼儿用的有图案的小毛巾。

2. 游戏人数：5~8 人。

3. 游戏时长：10 分钟。

游戏方法

1. 教师引导幼儿观察自己带回来的小毛巾，看看上面有什么图案，教师用其中的一条和幼儿共同欣赏。

2. 教师示范和讲解小毛巾的作用和使用方法，让幼儿知道我们每天都要用毛巾洗脸、擦汗，要好好爱护小毛巾。

3. 帮助幼儿学习用小毛巾擦脸、擦汗，也可以学习洗小毛巾。

4. 自己动手实践与教师一起洗毛巾，三名教师分组指导。

5. 教师提示："毛巾脏的地方我们要抹小香皂，用力搓一搓。"练习搓、拧、抖等动作（伴随儿歌）。

6. 儿歌：搓一搓，搓一搓，毛巾变得真干净。拧一拧，拧一拧，小小水滴不见了。抖一抖，抖一抖，小小毛巾夹起来。

游戏延伸

户外活动过后（毛巾干了），可以分组摘收毛巾并用干净的毛巾擦手。家园共育，请幼儿回家自己练习洗袜子等小件物品。

观察建议

幼儿搓、拧、抖等动作的协调性。

游戏 14：玩具放哪里

游戏经验

认识各种玩具的名称，知道放玩具的地方，学习轻拿轻放玩具。

游戏准备

1. 游戏材料：幼儿玩具、玩具柜、歌曲 *clean up*。

2. 游戏人数：1~4 人。

3. 游戏时长：5 分钟。

游戏方法

1. 教师带领幼儿到玩具架或玩具柜旁，引导幼儿观察各种玩具所摆放的位置，逐一说出玩具的名称，并让幼儿每人拿一件玩具自由探索。

2. 教师播放音乐 *clean up*，并告知幼儿"玩具要睡觉了"，请幼儿把玩具放回原来的位置。

3. 如此反复多次练习，使幼儿能在听到音乐时就能快速收拾玩具。

游戏延伸

在日常的游戏活动时间里可以用此方法帮助幼儿建立各种常规。

观察建议

观察幼儿是否能将玩具放到对应的位置。

游戏 15：一起打电话

游戏经验

认识电话机并学习使用，能有礼貌地接听电话。

游戏准备

1. 游戏材料：玩具电话 1 台、歌曲《打电话》。

2. 游戏人数：1~4 人。

3. 游戏时长：5 分钟。

游戏方法

1. 导入：教师播放歌曲《打电话》，激发幼儿对活动的兴趣。

2. 教师表演打电话的情景，引起幼儿注意，问他们谁也想打电话？要打给谁？

3. 教师邀请幼儿和同伴进行打电话的游戏，引导幼儿简单说出："你好""你是谁""你在干什么""再见"等问候词汇。

游戏延伸

为幼儿提供玩具电话，引导幼儿在区域活动中可以进行"打电话"的游戏。

观察建议

教师可引导幼儿进行角色扮演，如扮演爸爸、妈妈和孩子以增加游戏情节。

游戏 16：舒服的毛巾被

1. 多感官角度认知"毛巾被"，感受毛巾被的柔软舒适，学习词汇"毛巾被"，知道睡觉要盖毛巾被。

2. 乐于参加感统练习，感受身体运动的快乐。

游戏准备

1. 游戏材料：幼儿毛巾被若干，幼儿爬行地垫或睡垫。

2. 游戏人数：1~4 人。

3. 游戏时长：5 分钟。

游戏方法

1. 教师将大小不一的毛巾被铺开在爬行地垫或睡垫上，引导幼儿多感官参与毛巾被互动，幼儿尝试用手、脸接触毛巾被，摸一摸、抱一抱毛巾被。

2. 引导幼儿通过观察、触摸，触发幼儿联觉多感官认知毛巾被，感受毛巾被的柔软舒适，学习词汇"毛巾被"。

3. 辅助幼儿脱掉鞋子，轮流在毛巾被上爬、踩、滚，享受身体运动的快乐。

游戏延伸

午睡的时候分享毛巾被的作用，请幼儿尝试自己盖毛巾被。

观察建议

幼儿和毛巾被互动的状态。

游戏 17：宝宝自己睡

游戏经验

1. 了解 2~3 个小动物的睡觉方式，对睡觉图片感兴趣，尝试独立入睡，逐步养成独立睡眠的习惯。

2. 知道睡觉时要自己躺在小床上，闭上眼睛，不用成人抱。

游戏准备

1. 游戏材料：小动物睡觉图片，小宝宝在床上自己睡觉的照片，练习睡觉的睡垫（可供 5 名幼儿躺下）。

2. 游戏人数：1~4 人。

3. 游戏时长：5 分钟。

游戏方法

1. 教师轮播小动物睡觉图片，请幼儿观察小动物是如何睡觉的，引导幼儿尝试模仿小动物睡觉的情景，并告诉幼儿好宝宝是可以自己躺在床上睡觉的。

2. 教师将幼儿分组进行模拟睡觉游戏，播放轻音乐助眠音，然后引导其中一组幼儿在睡垫上进行睡觉模拟游戏。

3. 音乐停止后，教师带领其余幼儿模仿闹钟声，此时游戏组幼儿起床。

4. 按此方法组间轮流进行模拟睡觉游戏，给予所有幼儿游戏参与机会。宝宝午睡时要多给予正向反馈，多加鼓励，使他们乐于尝试独立入睡，并逐步养成自己睡的习惯。

游戏延伸

可把闹钟的叫声换成大公鸡的叫声。

观察建议

幼儿对小动物睡觉图片观察时的状态以及能否进行模仿独立入睡的动作。

游戏 18：有趣的小茶杯

游戏经验

对茶杯感兴趣，学习用双手拿着茶杯喝水的动作。

游戏准备

1. 游戏材料：经过消毒的干净茶杯每人 1 个、歌曲《小茶杯》
2. 游戏人数：1~4 人。
3. 游戏时长：5 分钟。

游戏方法

1. 教师播放儿歌《小茶杯》，并引导幼儿认真观察并模仿教师喝茶的动作。

2. 当幼儿熟悉此动作后，请他们到杯架拿出各自的茶杯，跟着儿歌的内容模拟喝水的动作，学习跟教师一起念儿歌。

游戏延伸

在日常生活中引导幼儿实际练习。

小茶杯（儿歌）

小茶杯，装清水；呼噜噜，漱漱嘴。

小茶杯，装开水；呼噜噜，喝进嘴。

观察建议

幼儿对自己的物品有一定的认知。

游戏 19：我是小司机

游戏经验

1. 初步认识交通灯，身体平衡能力和动作协调性的发展。

2. 体验用椅子进行游戏，与同伴游戏的快乐情绪。

游戏准备

1. 游戏材料：可做司机方向盘的塑料圈。

2. 游戏人数：2~4 人。

3. 游戏时长：5 分钟。

游戏方法

1. 设置场景，三张小椅子排成一列，当作小汽车，幼儿坐在汽车上。

2. 模拟场景游戏，体验角色扮演，最前面的幼儿手握方向盘做小司机，坐后面的幼儿做乘客。

3. 模仿汽车发出各种声音，当出现颠簸摇晃或急刹车情况的时候，提醒小司机和乘客坐稳，同时学会认识交通灯。

4. 扮演司机和乘客的幼儿可以对换角色，再次进行游戏。

游戏延伸

游戏可随机渗透交通安全相关教育内容，让幼儿了解红灯停、绿灯行等基本交通安全常识。

观察建议

幼儿初步认识交通灯，角色扮演游戏产生的快乐情绪。

游戏 20：拉车小能手

游戏经验

1. 遵守游戏规则，学会玩手拉车的游戏。

2. 增强幼儿相互合作的能力。

3. 促进幼儿上臂和腰腹力量的发展。

游戏准备

1. 游戏材料：手拉车玩具、场地、海洋球。

2. 游戏人数：5~6 人。

3. 游戏时长：5 分钟。

游戏方法

1. 今天我们玩一个手推车的游戏，你玩过吗？教师示范，沿着操场推着手拉车从跑道顶端到末端。

2. 幼儿初次尝试，两人合作自由探索。

3. 难度升级，手拉车运输海洋球，两名幼儿合作，一人放海洋球，另一人推着手拉车运输海洋球。

游戏延伸

可让幼儿在手拉车的上面放一些轻的物品，也可在场地的两头都建立"停车场"，让幼儿进行定向拉车。

观察建议

幼儿运输海洋球时两人的合作能力。

游戏 21：小娃娃穿衣服

1.通过游戏，幼儿能够学说简单衣物的名称，提高语言表达能力。

2.培养幼儿观察事物和解决简单问题的能力。

游戏准备

1.游戏材料：娃娃的衣服、裤子、袜子、鞋子等衣物配件。

2.游戏人数：1~4 人。

3.游戏时长：5 分钟。

游戏方法

1.教师以娃娃家的情境引入游戏，激发幼儿的兴趣和参与度。教师说："娃娃不会穿衣服，我们来帮帮她，好吗？"引导幼儿进入游戏情境。

2.教师逐步引导幼儿观察衣物，并鼓励他们说出衣物的名称。当幼儿说出衣物的名称时，教师给予肯定和鼓励，同时请幼儿把衣物递给教师，帮娃娃穿好衣物。

3.在每一次递衣物的过程中，教师都应重复引导幼儿说出衣物的名称，以加强他们的记忆和表达能力。

游戏延伸

在日常生活中，可以在帮助幼儿穿衣服的时候，采用类似的游戏方法，与幼儿一边穿一边玩，以巩固他们的学习成果。

观察建议

幼儿对衣服、袜子、鞋子等的认知程度。

游戏 22：我的小书包

游戏经验

学习观察和辨认自己的书包，以某一件小物品作为自己书包的记号。

游戏准备

1. 游戏材料：请家长在自己孩子的小书包上挂一个小挂件作为记号，一块布。

2. 游戏人数：1~4 人。

3. 游戏时长：5 分钟。

游戏方法

1. 教师将书包用一块布遮住，吸引幼儿的注意，并邀请幼儿一起来猜一猜布下面到底是什么？

2. 解开谜底后，教师邀请幼儿背上自己的小书包，模拟上幼儿园的情景，与教师、同伴互相问好。

3. 请幼儿观察自己的书包和同伴的书包，如果大家的书包是相同的，就分别指导幼儿观察书包的小挂件，从而辨认自己的书包。

游戏延伸

在日常生活中让幼儿留意自己的书包是否放在指定的书包架上。

观察建议

书包是我们的好朋友，引导幼儿要好好爱护它。

游戏 23：袜子对对碰

游戏经验

知道袜子是一双一双的，根据袜子的颜色、图案进行配对。

游戏准备

1. 游戏材料：干净的袜子每人一双。

2. 游戏人数：1~4 人。

3. 游戏时长：5 分钟。

游戏方法

1. 教师出示混合在一起的袜子，并告诉幼儿袜子找不到它的好朋友了，想请幼儿来帮帮忙。

2. 教师进行示范，将两只图案、颜色相同的袜子放在一起，引导幼儿观察和对比，让幼儿知道袜子是一双一双的。

3. 邀请幼儿寻找出两只一模一样的袜子，当幼儿找到其中相同图案的袜子时，及时给予鼓励。

游戏延伸

在家里可以和爸爸妈妈进行袜子配对的游戏。

观察建议

丰富幼儿的生活经验，培养幼儿爱整洁的生活习惯。

游戏 24： 我的水杯在这里

游戏经验

1. 认识自己的用品，并会使用它。
2. 知道水杯的用途，对使用水杯有信心和兴趣。

游戏准备

1. 游戏材料：每人一个水杯，并附图案帖纸。
2. 游戏人数：2~4 人。
3. 游戏时长：5 分钟。

游戏方法

1. 教师引导幼儿观察班级的水杯柜，引导幼儿看看上面有什么图案，教师逐一告诉幼儿代表自己的图案是什么，然后共同观察。

2. 教师示范和讲解水杯的作用和使用方法，让幼儿知道每天要用水杯喝水，并爱护自己的水杯，喝完水应放到贴有自己图案的水杯柜，帮助幼儿学习取放水杯。

游戏延伸

可利用幼儿在班上使用的毛巾架，让幼儿寻找代表自己的图案，并学习在毛巾架上取放自己使用的小毛巾。

观察建议

幼儿认识自己的水杯、正确使用水杯及取放水杯的过程。

游戏 25：神奇的回力车

游戏经验

1. 爱护玩具车，知道对玩具轻拿轻放。

2. 发展手部精细动作。

游戏准备

1. 游戏材料：普通玩具车和回力车数辆。

2. 游戏人数：2~4 人。

3. 游戏时长：5 分钟。

游戏方法

1. 把普通玩具车和回力车混一起，

引导幼儿轻拿轻放玩具车，尝试发现两种车在起动方式上的不同。

2. 教师适时指导，激发幼儿持续探索。

游戏延伸

引导幼儿给车辆分类，并放在玩具柜中不同的"停车场"。

观察建议

幼儿爱护玩具车，及在玩具车探索中的愉快情绪。

游戏 26：印小手印

游戏经验

1.通过直接的身体接触与艺术创作，增强幼儿对手部特征的感知，特别是手纹的认识。

2.培养观察力和细致做事的态度。

游戏准备

1.游戏材料：各色水粉颜料、画纸、清洁布、围裙。

2.游戏人数：1~4人。

3.游戏时长：5分钟。

游戏方法

1.教师与幼儿互相比较手的大小，引导幼儿仔细观察自己的手纹，激发探索兴趣。

2.教师示范如何用手掌或手指蘸上颜料，轻轻印在画纸上，强调蘸颜色时要小心，

3.教师从旁协助幼儿完成印手印，确保过程安全有序，并在手印下方写上幼儿的名字和印手印的日期，作为成长纪念。

游戏延伸

组织幼儿分享自己的手印作品，讨论手印的颜色、形状和添加的图画，促进语言交流和社交能力的发展。

观察建议

通过活动幼儿感受到自己对手部特征的感知。

游戏 27：爱整洁

1. 通过模仿和观察，对自我形象产生初步的认识和兴趣。

2. 在成人的帮助下，尝试简单的自我整理动作，如拉拉衣角、摸摸脸蛋。

游戏准备

1. 游戏材料：一面安全、低矮的镜子（确保幼儿能够轻松看到自己），几个软质、易于抓握的小梳子或布偶作为辅助道具。

2. 游戏人数：1~4 人。

3. 游戏时长：5 分钟。

游戏方法

1. 引入环节：教师以轻松愉快的语气说："宝宝们，我们要去一个好玩的地方看看自己有多可爱！来，跟着老师一起去照镜子吧！"

2. 引导幼儿慢慢走到镜子前，鼓励他们轻轻触摸镜子中的自己，感受"我"的存在。

3. 教师或家长示范简单的整理动作，如拉拉衣角、拍拍脸蛋，同时用简单易懂的语言描述："看，宝宝的衣服整整齐齐，脸蛋干干净净，真漂亮！"

游戏延伸

随着幼儿年龄增长增加整理仪容的内容，并鼓励幼儿自己完成。

观察建议

幼儿对镜子的反应，模仿整理动作的专注度和参与度，自我整理能力的进步。

游戏 28：大哥哥小弟弟

游戏经验

1. 帮助幼儿感知大拇指和小指的位置，通过简单的动作和声音学习"大拇指""小指"的发音。

2. 乐意模仿，跟成人游戏。

游戏准备

1. 游戏材料：每人一个用纸折成纸三角、套在手指上的简易纸帽。

2. 游戏人数：1~4 人。

3. 游戏时长：5 分钟。

游戏方法

1. 教师和幼儿围坐在柔软的地垫上，教师先展示自己的大拇指和小指，说："看，这是大拇指哥哥，这是小指弟弟。"然后，引导幼儿伸出自己的大拇指和小指，鼓励他们模仿"大拇指哥哥""小指弟弟"的发音，同时给予鼓励和表扬。

2. 教师帮助幼儿把彩色布环套在大拇指和小指上，说："给大拇指哥哥和小指弟弟戴上漂亮的帽子啦！"然后，引导幼儿轻轻让大拇指和小指碰一碰，说："大拇指哥哥和小指弟弟是好朋友，亲一亲。"在这个过程中，教师要保持耐心，给予幼儿足够的时间和空间去尝试和模仿。

游戏延伸

在幼儿熟悉了大拇指和小指之后，可以逐渐引导他们认识其他的手指，比如，"食指姐姐""中指哥哥""无名指妹妹"等。可以通过简单的歌曲、儿歌或者手指游戏来帮助幼儿更好地记忆和识别各个手指。同时，也可以尝试让幼儿用其他身体部位（如脚掌、膝盖等）进行类似的互动游戏，增加游戏的多样性和趣味性。

观察建议

幼儿对大拇指和小指位置的感知，对模仿手指碰碰行为的准确度和专注度。

游戏 29：我的小手印

游戏经验

1. 了解手的外形特征，加深对五指的认识。

2. 喜欢参与美术活动，感受其乐趣。

游戏准备

1. 游戏材料：各色蜡笔、清洁布、画纸。

2. 游戏人数：1~4 人。

3. 游戏时长：5 分钟。

游戏方法

1. 引导观察：教师先引导幼儿观察自己的小手，简单介绍手指的名称，帮助他们认识手的基本结构。

2. 手印制作：教师协助幼儿将一只手轻轻平放在画纸上，保持稳定。教师用蜡笔沿着幼儿小手的外部轮廓轻轻描绘，形成手印。

3. 涂色环节：让幼儿自主选择喜欢的蜡笔颜色，鼓励他们自由地在手印上涂色，不必拘泥于真实颜色，重在体验涂色的乐趣。教师可以在旁示范，但尽量让幼儿自主操作，发挥他们的创造力。

游戏延伸

1. 可在幼儿的手印处贴上幼儿的相片或标志，让幼儿知道这是自己的手。

2. 除了涂色，还可以提供贴纸或小装饰物，让幼儿在手印上进行简单的装饰，增加作品的趣味性。

观察建议

幼儿对手外形特征的感知，对手基本结构的感知。

游戏 30：小手真好玩

游戏经验

1. 帮助幼儿初步认识自己手指的名称，并通过简单的动作模仿促进手眼协调。

2. 听觉与动觉的结合，语言和动作的联结。

游戏准备

1. 游戏材料：儿歌。

2. 游戏人数：1~4人。

3. 游戏时长：5分钟。

游戏方法

1. 引入环节：教师引导幼儿伸出他们的小手，用轻柔的声音和夸张的动作逐一指出每个手指，简单介绍每个手指的名字，如"这是大拇指，它说'你好'！"。

2. 儿歌互动：教师念出改编后的儿歌，同时做出相应的手指动作，鼓励幼儿模仿。

3. 重复与变化：重复几次儿歌，每次可以稍微改变动作或增加一些简单的互动，如轻轻触碰幼儿的手心，增加他们的参与感。

游戏延伸

可变换歌词，使游戏更为丰富。

小手真好玩（儿歌）

我有一双小小手，一共十个手指头。

这是拇指举一举，这是食指点一点。

这是中指顶一顶，这是无名指弯一弯。

这是小指勾一勾，小手小手真好玩。

观察建议

幼儿对手指名称认识的准确度，对模仿手指动作的准确度和专注度。

游戏 31：小手真有用

游戏经验

1. 感知运用小手取放各种物品的动作，乐于运用自己的小手做事情，知道自己的小手很有用。

2. 通过触摸不同物品，帮助幼儿复习物品名称，同时感受物品的不同质感，促进触觉发展。

游戏准备

1. 游戏材料：玩具架、可取放的各种物品。

2. 游戏人数：1~4 人。

3. 游戏时长：5 分钟。

游戏方法

1. 热身环节：教师带领幼儿简单复习之前学过的儿歌，如"小小手"或"小手真好玩"，边唱边做手势，帮助幼儿回忆并巩固对小手的认识。

2. 观察与复习：教师展示玩具架上的物品，用简单明了的语言介绍每个物品的名称，同时让幼儿近距离观察，鼓励他们尝试触摸，感受物品的质感。

3. 取放练习：教师用简单、重复的指令引导幼儿："小手真能干，我们去拿个小球球。"同时，示范如何轻轻地从玩具架上拿起物品。鼓励幼儿模仿教师的动作，自行取放物品，并在成功后给予积极的鼓励和表扬。

游戏延伸

可让幼儿取放自己在学校经常使用的生活用品。

观察建议

幼儿对小手拿取动作的感知，对小手拿取物品的正确度和专注度。

游戏 32：照顾娃娃

游戏经验

1. 幼儿通过模仿成人行为，学习如何照顾娃娃，从而获得关心与被关心的情感体验。

2. 激发幼儿建立"自己的事情自己做"的欲望，并培养关心他人的情感。

游戏准备

1. 游戏材料：若干组玩具娃娃及相关配件，如奶瓶、小碗、小勺子、小被子等。

2. 游戏人数：1~4 人。

3. 游戏时长：5 分钟。

游戏方法

1. 教师向幼儿展示如何照顾娃娃，如轻轻地抱起娃娃、用奶瓶给娃娃喂奶、用小勺子喂娃娃吃饭、哄娃娃睡觉等。

2. 教师给每位幼儿分发一组娃娃玩具及相关配件。

3. 引导幼儿尝试自己照顾娃娃，如给娃娃喂饭、哄娃娃睡觉等。教师在旁边观察并指导，确保幼儿的安全和正确操作。

游戏延伸

鼓励幼儿分享自己的照顾经验和感受，如"我给娃娃喂了饭，它很开心"等。

观察建议

幼儿学习如何照顾娃娃的顺序，识别穿衣服的正确性。

游戏 33：小小手

游戏经验

1. 通过游戏认识自己的手，初步学习"手"的发音，并感受小手的灵活性。

2. 在成人的引导下，尝试模仿简单的手部动作，促进语言和动作的联结。

游戏准备

1. 游戏材料：一首简短、节奏明快的儿歌（如原儿歌的简化版），以及可选的手部玩偶或彩色手环作为视觉刺激。

2. 游戏人数：1~4 人。

3. 游戏时长：5 分钟。

游戏方法

1. 教师以亲切的语言和表情说："宝宝们，你们知道我们身上有一个非常神奇的部分吗？它就是我们的——小手！现在，让我们一起用小手来做个游戏吧！"

2. 认识小手：教师轻轻握住幼儿的小手，引导他们观察自己的手指、手掌，并尝试说出"手"这个词。鼓励幼儿伸出手，轻轻拍打自己的大腿或桌面，感受小手的动作。

3. 模仿动作：教师一边念简短的儿歌，如"小手拍拍，小手举高，小手藏起，小手摇摇"，一边示范相应的手部动作。鼓励幼儿模仿这些动作，即使他们做得不够准确，也要给予积极的鼓励和引导。

游戏延伸

可变换模仿的动作，使游戏更为丰富。

小小手（儿歌）

小小手，伸出来，小手伸出来。
小小手，举出来，小手举出来。

小小手，藏起来，小手藏起来。
小小手，摆起来，小手摆起来。

……（儿歌可根据幼儿的能力不断变化或延长）

幼儿对小手的关注度，模仿手部动作的专注度和准确度。

游戏 34：小手拍拍

1. 通过简单的肢体动作和儿歌，帮助幼儿认识并运用自己的小手，同时学习分辨声音的大小。

2. 结合儿歌的节奏和动作，引导幼儿进行拍手、拍身体不同部位的活动，增强手眼协调和身体控制能力。

游戏准备

1. 游戏材料：儿歌。

2. 游戏人数：1~4 人。

3. 游戏时长：5 分钟。

游戏方法

1. 教师边念儿歌边做示范动作，引导幼儿跟随儿歌的节奏拍手。

2. 幼儿模仿教师的动作，先是小手拍拍，然后按照儿歌内容依次拍头顶、肩膀、大腿，最后小手藏起来。

3. 在拍手的过程中，教师可以变化拍手的力度，让幼儿感受并分辨声音的大小。

4. 根据儿歌内容，引导幼儿拍打身体的其他部位，如小腿、小脚等，增进对身体部位的认识。

游戏延伸

可以根据儿歌的内容引导幼儿拍相应的身体部位。

小手拍拍（儿歌）

小手拍拍，小手举起来；小手拍拍，小手拍头顶；小手拍拍，小手拍肩膀；小手拍拍，小手拍大腿；小手拍拍，小手藏起来。

观察建议

通过拍打自己身体的节奏感受不同的声音与乐趣。

游戏 35: 我的小手印

游戏经验

1.通过游戏促进幼儿对自我身体的认识,对手部结构的理解。

2.激发孩子对美术活动的兴趣。

游戏准备

1.游戏材料:提供多种颜色的蜡笔、清洁布、画纸。

2.游戏人数:1~4人。

3.游戏时长:5分钟。

游戏方法

1.教师首先示范如何将自己的手平放在画纸上,用笔画出手的外部轮廓,并标注孩子的名字,以此作为模板。

2.鼓励幼儿模仿教师的动作,将自己的手放在画纸上,由教师或在其辅助下描绘手印轮廓。

3.让幼儿自主选择蜡笔颜色,给自己的小手印涂色。

游戏延伸

组织一次小小的展示会,让幼儿展示自己的作品,鼓励他们简单描述自己的手印,如"这是我的手,我涂了红色"等,增强语言表达能力和自信心。

观察建议

幼儿能够认识自己手部的外形特征。

游戏 36：小小梳子

游戏经验

1. 通过模仿成人的行为，帮助幼儿学习使用小梳子为自己梳头，同时观察梳子的外形，体验梳头的舒适感。

2. 学习"梳子"的发音，促进生活自理能力和语言能力的发展。

游戏准备

1. 游戏材料：每人一把小梳子，一个大镜子。

2. 游戏人数：1~4 人。

3. 游戏时长：5 分钟。

游戏方法

1. 教师发给幼儿每人一把小梳子，一边发一边请幼儿学习"梳子"的发音。

2. 引导幼儿观察梳子的外形，简单介绍梳子的结构和用途。

3. 教师示范如何用梳子梳头，然后请幼儿对着镜子模仿梳头动作，感受梳子梳头的舒适感。

游戏延伸

鼓励幼儿给同伴或教师梳头，学习简单的交往技能，如轮流、等待和分享。

观察建议

幼儿感受梳头发的乐趣，观察梳子的外形。

2~3 岁

艺术与表达

发展目标

- 提供丰富的艺术创作材料，鼓励幼儿自由绘画或制作简单的艺术作品，培养创造力和艺术表达能力。
- 引导幼儿用简单的句子描述自己的作品或感受，提升语言表达能力。

游戏 1：水果拓印画

游戏经验

1. 感受不同水果的纹理和色彩，激发对自然材料的探索兴趣。

2. 观察拓印出的色彩和纹理，增强幼儿对色彩和形状的认知能力。

游戏准备

1. 游戏材料：苹果、橙子、杨桃等水果（提前切好），各色颜料，画纸，围裙。

2. 游戏人数：5~6 人。

3. 游戏时长：10 分钟。

4. 游戏地点：美工区。

游戏方法

1. 教师展示如何用水果蘸取颜料并在画纸上进行拓印，让幼儿观察拓印出的图案和色彩。

2. 引导幼儿观察、比较水果的横切面和拓印出来的图案，讨论不同水果拓印出的效果如何，激发他们的创作欲望。

3. 鼓励幼儿选择自己喜欢的水果和颜色，自由地在画纸上进行拓印。教师可以引导幼儿尝试不同的拓印方式和角度，以获得不同的图案效果。

4. 邀请幼儿展示自己的作品，分享创作过程中的有趣经历和感受。

游戏延伸

引导幼儿观察拓印出的图案和形状，进行形状联想，并尝试用画笔或其他材料在图案上进行添画，丰富画面内容。

观察建议

1. 幼儿手眼协调，能准确地完成拓印活动。

2. 幼儿在创作过程中表现出一定的想象力和创造力。

游戏 2：认识直线

1. 认识并理解直线的概念，识别不同方向的直线。

2. 使用直线进行简单的艺术创作，培养艺术表现力和创造力。

游戏准备

1. 游戏材料：画纸、蜡笔。

2. 游戏人数：3~4 人。

3. 游戏时长：5 分钟。

4. 游戏地点：美工区。

游戏方法

1. 教师向幼儿展示包含不同方向直线的图片，引导幼儿观察并指出直线在哪里。

2. 教师用蜡笔在画纸上画出几条明显的直线，并介绍直线的特点："这是一条长长的、直直的线。"

3. 鼓励幼儿拿起彩色笔，在画纸上自由画出他们看到的或想象中的直线。

4. 教师引导幼儿尝试画出不同方向的直线，如水平、垂直、斜线等。

5. 邀请幼儿展示自己的直线画作，让他们简单介绍自己画了什么。

游戏延伸

鼓励幼儿将直线组合成简单的图形，如正方形、长方形、三角形等，进一步加深对直线的理解和应用。

观察建议

1. 幼儿理解直线的概念，能区分不同方向的直线。

2. 幼儿有一定的创意和想象力。

游戏 3：认识曲线

游戏经验

1. 认识并理解曲线的概念，能够区分曲线与直线。

2. 用曲线进行简单的绘画创作，培养艺术表达能力和创造力。

游戏准备

1. 游戏材料：蜡笔、画纸。

2. 游戏人数：4~5 人。

3. 游戏时长：5 分钟。

4. 游戏地点：美工区。

游戏方法

1. 教师向幼儿展示包含不同形态曲线的图片，引导幼儿观察并指出哪些线条是曲线。

2. 教师用彩色笔在画纸上画出几种典型的曲线，如波浪线、螺旋线等，边画边说明曲线的特点，如"这是一条弯弯曲曲的线，像海浪一样"。

3. 鼓励幼儿用蜡笔在画纸上自由画出他们看到的或想象中的曲线。

4. 引导幼儿尝试画出不同形态的曲线，如大波浪、小波浪、螺旋等。

5. 邀请幼儿展示自己的曲线画作，让他们简单介绍自己画了什么形状的曲线。

游戏延伸

带领幼儿在户外寻找自然界中的曲线元素，如云朵的轮廓、树叶的形状等，拓宽幼儿的视野和认知。

观察建议

1. 幼儿手眼协调，感受绘画的乐趣。

2. 幼儿能感知直线和曲线的变化。

游戏 4：泡泡画

游戏经验

1. 激发幼儿对色彩、形状及物理现象的好奇心和探索欲。

2. 享受泡泡画创作的乐趣，培养幼儿的艺术感知力和创造力。

游戏准备

1. 游戏材料：泡泡水、画纸、颜料、吸管、托盘。

2. 游戏人数：5~6 人。

3. 游戏时长：10 分钟。

4. 游戏地点：美工区。

游戏方法

1. 活动开始前，教师向幼儿简单说明活动规则和注意事项，如不要将泡泡水放入口中。

2. 教师展示如何制作颜料泡泡并吹到画纸上，让幼儿观察泡泡破裂后留下的美丽图案。

3. 引导幼儿想象并讨论泡泡破裂后可能形成的图案和颜色变化。

4. 鼓励幼儿自己尝试吹泡泡到画纸上，观察泡泡破裂后的效果，并引导他们尝试不同的吹泡泡方式和角度，获得不同的图案效果。

5. 邀请幼儿展示自己的作品，分享创作过程中的有趣经历和感受。

游戏延伸

引导幼儿观察泡泡画中的图案，进行形状联想，并尝试用画笔或其他材料在图案上进行添画，丰富画面内容。

观察建议

1. 幼儿对泡泡画的创作表现出浓厚的好奇心和探索欲。

2. 幼儿积极参与活动，享受创作的乐趣。

游戏 5：拼贴画

游戏经验

1. 提升幼儿的艺术表达能力和审美感知能力。

2. 鼓励幼儿自由组合材料，培养创造力和想象力。

游戏准备

1. 游戏材料：彩色纸张、胶棒、画纸、装饰物。

2. 游戏人数：3-5 人。

3. 游戏时长：10 分钟。

4. 游戏地点：美工区。

游戏方法

1. 教师将材料发给幼儿，引导幼儿用手将纸张撕出不同的形状，可以是不规则的形状，也可以是简单的图形，如圆形、方形等。

2. 引导幼儿根据自己的想象，将撕好的纸片自由粘贴在画纸上。

3. 幼儿选择喜欢的装饰物，使作品更加丰富多样。

4. 邀请幼儿展示自己的拼贴画作品，并简单介绍自己的创作想法。

游戏延伸

设定不同的主题，如动物世界、快乐的一天等，引导幼儿围绕主题进行拼贴画创作，提高创作的针对性和深度。

观察建议

1. 幼儿展现出独特的创意和想象力。

2. 幼儿能够通过拼贴画表达自己的情感和想法。

游戏 6：手指创意画

游戏经验

1.学习手指点画和压印，掌握基本的绘画技巧。

2.体验手指画的乐趣，培养对美术活动的兴趣。

游戏准备

1.游戏材料：颜料、画纸、抹布、示范画。

2.游戏人数：4~5 人。

3.游戏时长：5 分钟。

4.游戏地点：美工区。

游戏方法

1.教师通过谜语"五个兄弟，住在一起，名字不同，高矮不齐"，引导幼儿猜测并引出"手指"主题。

2.引导幼儿观察自己的手指，发现手指的不同之处，如大小、粗细、指纹等。

3.教师展示手指画作品，激发幼儿的兴趣。

4.教师示范如何用不同手指蘸取颜料，在画纸上点画和压印，形成各种图形。

5.幼儿自由创作，用手指点画和压印出各种图形。

6.邀请幼儿展示自己的作品，并简单介绍自己的创作想法。

游戏延伸

在手指画的基础上，引导幼儿使用画笔或其他工具进行添画，丰富画面内容。

观察建议

1.幼儿积极参与手指画活动，享受美术活动的乐趣。

2.幼儿能正确使用手指点画和压印技巧。

游戏 7：自由涂鸦

游戏经验

1. 学习使用简单的绘画工具，培养对绘画的兴趣。

2. 鼓励幼儿自由涂鸦，表达自己的情感和想象，激发创造力。

游戏准备

1. 游戏材料：油画棒、纸张、颜料。

2. 游戏人数：5~6 人。

3. 游戏时长：5 分钟。

4. 游戏地点：美工区。

游戏方法

1. 教师展示涂鸦作品，激发对幼儿的兴趣。

2. 简单介绍涂鸦活动的规则和注意事项，如使用绘画工具的正确方法。

3. 教师用油画棒在画纸上示范，引导幼儿观察绘画过程。

4. 幼儿自由创作，使用油画棒在画纸上涂鸦，鼓励幼儿根据涂鸦的线条或形状进行联想。

5. 邀请幼儿展示自己的涂鸦作品，分享创作过程和感受。

游戏延伸

鼓励家长在家中设置一面涂鸦墙，让幼儿在家也能自由涂鸦。

观察建议

1. 幼儿积极参与涂鸦活动，对绘画活动感兴趣。

2. 幼儿有感知色彩和运用色彩的能力。

游戏 8：折纸

游戏经验

1.培养幼儿的手部肌肉协调性和灵活性，提升精细动作技能。

2.激发幼儿对折纸的兴趣，认识折纸的基本步骤。

游戏准备

1.游戏材料：正方形折纸、折纸作品。

2.游戏人数：1~3 人。

3.游戏时长：5 分钟。

4.游戏地点：美工区。

游戏方法

1.教师向幼儿展示一些简单的折纸作品，激发他们的兴趣和好奇心。

2.通过提问的方式，引导幼儿观察折纸作品的特点和形状，为接下来的活动做铺垫。

3.选择一种简单的折纸作品进行示范，将折纸过程分解为几个简单的步骤，逐步向幼儿讲解并展示。

4.给每位幼儿分发一张正方形折纸，鼓励他们按照指导进行折纸操作。

游戏延伸

在掌握基本折纸技能的基础上，引导幼儿尝试创作一些具有创意的折纸作品，如结合多种形状的折纸组合成一幅画等。

观察建议

1.幼儿积极参与折纸活动，对折纸过程表现出浓厚的兴趣。

2.幼儿在折纸过程中有创意，能在作品中体现自己的独特想法。

游戏 9：找颜色

1.认识并区分红、黄、蓝三种基本颜色。

2.培养幼儿对色彩的兴趣，激发探索大自然色彩美的愿望。

游戏准备

1.游戏材料：手偶，红、黄、蓝三种颜色的卡片，蜡笔，画纸。

2.游戏人数：3~5人。

3.游戏时长：5分钟。

4.游戏地点：操作区。

游戏方法

1.教师用手偶讲述一个关于找颜色的故事，吸引幼儿注意力。

2.出示色彩卡片，引导幼儿说出每种颜色的名称，并鼓励幼儿尝试在生活中找到相似的颜色。

3.通过"颜色捉迷藏"游戏，加深幼儿对颜色的记忆。教师将不同颜色的卡片藏在教室不同位置，幼儿根据指令找到相应颜色的卡片。

4.幼儿自由创作，选择自己喜欢的颜色进行涂色，完成后展示并分享作品。

游戏延伸

组织幼儿利用彩色纸、颜料等材料进行创作，如制作彩色风车、粘贴画等，进一步体验色彩带来的乐趣。

观察建议

1.幼儿能区分并说出各种颜色的名称。

2.幼儿积极参与，对艺术活动有兴趣。

游戏 10：涂色游戏

游戏经验

1. 提升幼儿的手眼协调能力和精细动作技能。

2. 鼓励幼儿自由发挥，用色彩表达自己的想象和情感。

游戏准备

1. 游戏材料：蜡笔、不同图案和形状的涂色纸。

2. 游戏人数：3~5 人。

3. 游戏时长：5 分钟。

4. 游戏地点：美工区。

游戏方法

1. 教师展示颜色卡，引导幼儿说出每种颜色的名称，并引导他们观察周围环境中的相应颜色。

2. 选取一张涂色纸，示范如何正确握笔和涂色，强调不要涂出轮廓线外。

3. 播放背景音乐，幼儿开始自由涂色。

4. 邀请幼儿展示作品，介绍用了哪些颜色。

游戏延伸

引导幼儿尝试用不同颜色搭配涂色，创造新的图案或图形。

观察建议

1. 幼儿涂色时能控制笔触不涂出轮廓线外。

2. 幼儿能用色彩表达自己的想象和情感。

游戏 11：漂亮的相框

游戏经验

1. 激发幼儿的创造力和想象力，增强幼儿对色彩的感知能力。

2. 锻炼幼儿的手部精细动作技能，培养幼儿的审美能力。

游戏准备

1. 游戏材料：相框、蜡笔、手指颜料、亮片、贴纸、双面胶。

2. 游戏人数：4~5 人。

3. 游戏时长：5 分钟。

4. 游戏地点：美工区。

游戏方法

1. 教师出示卡纸或纸皮做好的相框，让幼儿选择不同形状和大小的相框。

2. 引导幼儿使用蜡笔、手指颜料、亮片、贴纸、双面胶等材料装饰相框。

3. 幼儿可以选择喜欢的照片放入相框进行展示，分享创作过程。

游戏延伸

结合不同的节日或主题，如春节、圣诞节、动物世界等，引导幼儿制作具有节日特色的相框。

观察建议

1. 幼儿装饰相框时手部精细动作得到提升。

2. 幼儿具有想象力和创造力。

游戏 12：感官瓶

游戏经验

1.提供视觉、触觉、听觉等多感官体验。

2.感知不同物品与特性，提升观察能力。

游戏准备

1.游戏材料：塑料瓶、色素、豆子、亮片、塑料球、毛毛球等，标签。

2.游戏人数：3~4人。

3.游戏时长：5分钟。

4.游戏地点：美工区。

游戏方法

1.教师展示不同的创作材料，给幼儿每人一个塑料瓶，引导幼儿制作自己的感官瓶，在瓶中加入不同的材料和水。

2.教师展示一个感官瓶，摇晃使其发出声音或展示其色彩流动，引起幼儿兴趣。

3.提问幼儿："你们看到这个瓶子里的什么东西在动？它是什么样的？"引导幼儿观察和描述。

4.让幼儿自由摇晃，观察瓶内物品的变化。

5.鼓励幼儿分享自己的观察结果和感受，使用"我看到了……""我听到了……"等句式表达。

游戏延伸

让幼儿根据感官瓶的启发，进行创意绘画，用色彩和形状表达自己的感受和想象。

观察建议

1.幼儿能准确描述瓶内物品的颜色、形状等特征。

2.幼儿能够清晰、连贯地表达自己观察的结果。

游戏 13：情绪面具

游戏经验

1. 认识基本的情绪，如快乐、悲伤、生气、惊讶等。

2. 让幼儿自由设计情绪面具，用艺术的方式表达自己的情绪。

游戏准备

1. 游戏材料：卡纸、剪刀、蜡笔、贴纸、胶水、情绪图片。

2. 游戏人数：3~5 人。

3. 游戏时长：5 分钟。

4. 游戏地点：美工区。

游戏方法

1. 教师展示情绪图片，介绍快乐、悲伤、生气、惊讶等基本情绪，并引导幼儿模仿相应的表情。

2. 鼓励幼儿用蜡笔、贴纸等材料设计不同的情绪，如笑脸、哭脸、皱眉等。

3. 幼儿戴上自己制作的情绪面具，轮流在同伴面前展示，并尝试用简单的语言描述自己表达的情绪。

游戏延伸

利用幼儿制作的情绪面具，编排简单的小剧场，让幼儿通过面具和表演来展现不同的情绪故事。

观察建议

1. 幼儿能认识并说出不同的情绪。

2. 幼儿能用语言简单描述自己的情绪和感受。

游戏 14：美丽的布

游戏经验

1. 触摸和感受布料，丰富幼儿的触觉经验，促进感官发展。

2. 增强幼儿对布料的色彩和纹理的感知能力。

游戏准备

1. 游戏材料：不同材质的布（棉布、丝绸、麻布、绒布），剪刀，胶水，画纸。

2. 游戏人数：4~5 人。

3. 游戏时长：5 分钟。

4. 游戏地点：美工区。

游戏方法

1. 教师首先展示各种颜色和质地的布料，引导幼儿逐一触摸并感受其不同之处，如软硬、光滑与粗糙等。

2. 引导幼儿尝试将布料折叠，剪成不同的形状，用胶水粘贴在画纸上。

3. 幼儿展示作品，并分享创作过程。

游戏延伸

利用收集的布料，组织一次小型的时装秀，让幼儿穿上自己设计的"衣服"，展示他们的创意和想象力。

观察建议

1. 幼儿对艺术活动感兴趣，享受创作的过程。

2. 幼儿能发挥创意和想象力。

游戏 15：贴图画

游戏经验

1. 通过撕、贴等动作，锻炼手部精细动作技能。

2. 鼓励自由组合粘贴材料，培养创造力和想象力。

游戏准备

1. 游戏材料：剪下来的广告、报纸、旧图书、旧杂志中的图案，胶水，画纸。

2. 游戏人数：3-4 人。

3. 游戏时长：5 分钟。

4. 游戏地点：美工区。

游戏方法

1. 教师把从广告、报纸、旧图书、旧杂志里剪下来的图案逐一给幼儿看，简单介绍活动内容和目的，激发他们的兴趣和参与欲望。

2. 教师选择 1~3 个图案，示范如何在图案的背后涂上胶水，粘贴在画纸上。

3. 请幼儿选择自己喜欢的图案进行创作，形成一个完整的图画。

4. 请幼儿展示作品，分享创作感受。

游戏延伸

鼓励幼儿根据自己的图画编一个简短的故事，并与同伴分享。

观察建议

1. 幼儿手部精细动作得到提升。

2. 幼儿能发挥创意和想象力。

游戏 16：音乐小路

核心经验

1. 感受音乐的节奏，提升音乐表现能力。

2. 根据音乐的节奏做出相应的动作，提高身体协调性和反应能力。

游戏准备

1. 游戏材料：彩色地贴、动物手偶。

2. 游戏人数：8~10 人。

3. 游戏时长：10 分钟。

4. 游戏地点：操场。

游戏方法

1. 教师播放欢快的音乐，介绍游戏规则和"音乐小路"上的不同地贴代表的意义，如快走、慢走、跳跃、旋转等。

2. 教师播放音乐，幼儿根据音乐的节奏和教师的指示，在"音乐小路"上做出相应的动作。

3. 重复播放音乐，引导幼儿按音乐的节拍走小路（注意安全，避免摔倒）。

4. 根据幼儿的年龄和兴趣，适当增加难度，如加入动物模仿、乐器伴奏等环节。

游戏延伸

邀请幼儿轮流担任"小指挥"，选择音乐并带领大家进行游戏。

观察建议

1. 幼儿能准确感受音乐的节奏和旋律变化。

2. 幼儿积极参与活动，展现自信的情感态度。

游戏 17：认识奥尔夫乐器

游戏经验

1. 认识几种常见的奥尔夫乐器，如碰钟、铃鼓、沙蛋等。

2. 激发幼儿对奥尔夫乐器的兴趣，培养他们对音乐艺术的喜爱。

游戏准备

1. 游戏材料：碰钟、铃鼓、沙蛋、响板等。

2. 游戏人数：5~6 人。

3. 游戏时长：5 分钟。

4. 游戏地点：音乐区。

游戏方法

1. 教师逐一展示奥尔夫乐器，并简单介绍每种乐器的名称和外观特点。

2. 教师播放一段轻快的背景音乐，让幼儿感受音乐的节奏和氛围。

3. 教师将乐器分发给幼儿，让他们自由敲击，感受不同乐器发出的声音。

4. 教师用每种乐器进行简单的演奏示范，让幼儿观察和学习。

5. 教师引导幼儿模仿教师的演奏方式，尝试用乐器敲击出简单的节奏。

游戏延伸

举办"奥尔夫乐器音乐会"，让幼儿选择不同的乐器演奏，增强自信心。

观察建议

1. 幼儿认识常见的奥尔夫乐器。

2. 幼儿愿意演奏奥尔夫乐器。

游戏 18：小小演奏家

游戏经验

1.感受打击乐的乐趣，培养对音乐艺术的兴趣。

2.感受和模仿节奏，提升音乐表现力。

游戏准备

1.游戏材料：打击乐器（响板、铃鼓、碰铃、沙蛋等）。

2.游戏人数：3~5人。

3.游戏时长：5分钟。

4.游戏地点：音乐区。

游戏方法

1.教师向幼儿展示准备好的打击乐器，简单介绍它们的名称和玩法。

2.播放一段欢快的背景音乐，让幼儿感受音乐的节奏和氛围。

3.教师示范敲击一种乐器，幼儿尝试敲击相同的节奏。

4.教师提高难度，变换节奏，幼儿继续演奏。

5.幼儿选择不同的乐器，根据教师的节奏进行合作演奏。

游戏延伸

鼓励家长在家中准备一些简单的打击乐器或生活物品，与幼儿一起玩"小小演奏家"的游戏，增进亲子关系。

观察建议

1.幼儿能按节奏敲击乐器。

2.幼儿能模仿并记住节奏。

游戏 19：找朋友

游戏经验

1.感受音乐的节奏和旋律，提升音乐感知能力。

2.理解"朋友"的概念，体验与同伴互动的乐趣。

游戏准备

1.游戏材料：动物手偶、歌曲。

2.游戏人数：3~5 人。

3.游戏时长：5 分钟。

4.游戏地点：集中区。

游戏方法

1.教师使用手偶讲述一个简单的故事进行导入，如"小兔找朋友"，引导幼儿理解朋友的重要性及如何找到朋友。

2.教师先播放歌曲《找朋友》，引导幼儿随着音乐节奏拍手或跳舞，营造轻松愉快的氛围。

3.音乐开始后，幼儿开始在活动区域内自由走动，寻找自己的朋友。当教师说出"找到朋友手拉手"时，幼儿需迅速找到一位朋友并手拉手站在一起。没有找到朋友的幼儿可以继续寻找，直到音乐停止。

4.游戏可多次进行，每次更换不同的同伴，以此增加幼儿的社交经验。

游戏延伸

教师可以在音乐中适时地说出"换朋友"，此时幼儿需松开手，重新寻找新朋友并手拉手站在一起。

观察建议

1.幼儿对音乐游戏感兴趣，积极参与活动。

2.幼儿愿意主动寻找朋友，能与同伴友好相处。

游戏 20：音乐椅子

游戏经验

1.感受音乐的节奏，提升音乐感知能力。

2.培养幼儿的节奏感，锻炼幼儿的反应速度和敏捷性。

游戏准备

1.游戏材料：椅子。

2.游戏人数：8~10 人。

3.游戏时长：5~8 分钟。

4.游戏地点：户外。

游戏方法

1.将椅子围成一个圆圈，确保椅子之间有一定的间隔，避免幼儿在奔跑时发生碰撞。

2.教师向幼儿简单介绍游戏规则后，播放音乐，幼儿开始绕椅子走路或小跑。

3.当音乐停止时，幼儿需要迅速找到一张椅子坐下。没有找到椅子的幼儿将被淘汰，直到最后一名幼儿获胜。

游戏延伸

增加难度或变化规则，如增加椅子的数量或减少音乐播放的时间等，以保持幼儿的兴趣和挑战性。

观察建议

1.幼儿反应敏捷，能迅速找到椅子坐下。

2.幼儿能随着音乐的节奏走或跑。

游戏 21：欣赏《森林狂想曲》

游戏经验

1. 倾听和表现《森林狂想曲》，体验音乐的乐趣。

2. 欣赏音乐并感受乐曲的变化。

游戏准备

1. 游戏材料:《森林狂想曲》音乐、打击乐器。

2. 游戏人数：6~8 人。

3. 游戏时长：10 分钟。

4. 游戏地点：音乐区。

游戏方法

1. 播放《森林狂想曲》，让幼儿初次感受音乐的旋律和节奏。

2. 教师提问："你听到了什么声音？好像看到了什么？"引导幼儿根据听到的音乐进行想象与表达。

3. 教师分段播放音乐，让幼儿感受乐曲中旋律和节奏的变化，引导幼儿理解《森林狂想曲》中的情境。

4. 让幼儿尝试用打击乐器跟着音乐的节奏一起演奏。

游戏延伸

为幼儿提供服装或道具，让幼儿根据音乐进行情境表演。

观察建议

1. 幼儿积极参与游戏，愿意模仿和表演。

2. 幼儿享受音乐，乐于表达。

游戏 22：创编《两只老虎》

游戏经验

1. 喜欢参与歌唱和动作表演，享受音乐活动。

2. 增强语言表达能力和对歌词的理解。

游戏准备

1. 游戏材料:《两只老虎》歌曲、老虎头饰、多媒体设备。

2. 游戏人数：8~10 人。

3. 游戏时长：10 分钟。

4. 游戏地点：集中区。

游戏方法

1. 教师播放老虎的叫声或展示老虎的图片，引起幼儿的兴趣。

2. 教师播放《两只老虎》的音频，引导幼儿倾听并跟唱。

3. 教师示范歌曲中的动作，如模仿老虎跑步、没有眼睛和尾巴的奇怪样子等。

4. 鼓励幼儿根据自己的理解创编动作，并尝试边唱边做。

5. 教师组织幼儿边唱边做动作，进行一次集体表演。

游戏延伸

鼓励幼儿根据《两只老虎》的歌词和改编内容，创编一个简单的故事，并尝试用语言表达出来。

观察建议

1. 幼儿积极参与活动，愿意唱歌和做动作。

2. 幼儿动作协调，有节奏感。

游戏 23：《我的小手》创编游戏

游戏经验

1. 培养幼儿对音乐节奏的基本感知能力。

2. 增强幼儿对自己身体部位的认识和关注。

游戏准备

1. 游戏材料：音乐、多媒体设备。

2. 游戏人数：5~6 人。

3. 游戏时长：5 分钟。

4. 游戏地点：音乐区。

游戏方法

1. 教师播放《我的小手》歌曲音频，教师边唱边做简单的手部动作，吸引幼儿的注意力。

2. 教师示范歌曲中的手部动作，如拍拍手、摇摇手、握握手等。

3. 引导幼儿模仿教师的动作，并鼓励他们尝试自己创造新的手部动作。

4. 全体幼儿跟着音乐节奏，边唱边做手部动作，享受音乐带来的快乐。

游戏延伸

设计与手部相关的简单游戏，如"手指变变变"（用手指模仿不同的动物或物品）、"小手拍拍"（根据指令拍手或拍其他部位）等，进一步锻炼幼儿的手部灵活性和反应能力。

观察建议

1. 幼儿积极参与音乐活动，愿意跟随音乐节奏做出动作。

2. 幼儿增强对小手的认识和关注。

游戏 24：创编《身体音阶歌》

游戏经验

1. 认识并熟悉自己的身体部位，如头、肩膀、膝盖、脚等。

2. 培养幼儿对音乐节奏和旋律的初步感知能力。

游戏准备

1. 游戏材料：儿歌、身体部位图片、多媒体设备。

2. 游戏人数：8~10 人。

3. 游戏时长：10 分钟。

4. 游戏地点：集中区。

游戏方法

1. 教师带领幼儿做简单的身体运动，如拍手、踩脚、摇头等，调动幼儿的积极性。

2. 播放《身体音阶歌》，让幼儿初步感受歌曲的旋律和节奏。

3. 教师示范歌曲中的动作，如音阶上行时双手从腰部慢慢举起，音阶下行时双手从头顶慢慢放下。

4. 鼓励幼儿根据自己的理解创编动作，并尝试边唱边做。

游戏延伸

日常生活中，教师可以引导幼儿用《身体音阶歌》中的动作来活动身体，如户外活动前的热身运动。

观察建议

1. 幼儿能理解歌曲内容，能正确指认自己的身体部位。

2. 幼儿动作协调，能跟着音乐做动作。

游戏 25：听音乐传球

游戏经验

1. 培养对音乐节奏和旋律的感知能力。

2. 锻炼幼儿的注意力和专注力。

游戏准备

1. 游戏材料：皮球、音响。

2. 游戏人数：5~6 人。

3. 游戏时长：5 分钟。

4. 游戏地点：操场。

游戏方法

1. 教师播放一段轻松欢快的音乐，让幼儿随着音乐自由活动，放松身心。

2. 教师向幼儿介绍《听音乐传球》的游戏规则，当音乐响起时，幼儿按照音乐节奏传递手中的球，音乐停止时，手中持有球的幼儿暂停游戏。

3. 教师先与几位幼儿一起示范传球动作，确保幼儿理解游戏规则。然后，让所有幼儿围成一个大圈，开始传球练习。

4. 当幼儿熟悉游戏规则和传球动作后，开始正式游戏。教师播放音乐，幼儿跟随音乐节奏传球。

游戏延伸

教师可以适时变换音乐的节奏和风格，让幼儿感受不同音乐对传球速度和节奏的影响。

观察建议

1. 幼儿跟随音乐节奏进行传球活动。

2. 幼儿在游戏中保持专注。

游戏 26：音乐故事

游戏经验

1. 增强对音乐节奏、旋律和情感的感知能力。

2. 鼓励幼儿创编故事，激发幼儿的想象力和创造力。

游戏准备

1. 游戏材料：多媒体设备、手偶、绘本。

2. 游戏人数：5~6 人。

3. 游戏时长：8~10 分钟。

4. 游戏地点：表演区。

游戏方法

1. 教师播放音乐故事音频，同时用绘本和手偶辅助讲述，帮助幼儿更好地理解故事情节和角色。

2. 音乐故事播放完毕后，教师引导幼儿回忆故事中的情节和角色，鼓励他们用简单的语言描述自己的感受和理解。教师可以提问，如"你最喜欢故事中的哪个角色？为什么？"或"你觉得故事中的音乐听起来像什么？"等。

3. 教师引导幼儿一起创作简单的音乐故事，可以选择幼儿喜欢的歌曲或旋律作为背景音乐，然后让幼儿创编故事情节和角色。

游戏延伸

鼓励幼儿通过绘画、舞蹈或角色扮演等方式，自由表达自己对音乐故事的理解和感受。教师可以提供画纸、彩笔等材料，引导幼儿一起进行简单的舞蹈或角色扮演。

观察建议

1. 幼儿能跟随音乐的节奏和旋律做出相应的反应。

2. 幼儿能通过语言表达对音乐故事的感受。

游戏 27：感知《开始和停止》

游戏经验

1. 感知音乐有反复地开始和突然停止的特点。

2. 感受音乐游戏带来的快乐，增强幼儿参与集体活动的兴趣。

游戏准备

1. 游戏材料：音乐、呼啦圈。

2. 游戏人数：3~5 人。

3. 游戏时长：5 分钟。

4. 游戏地点：广外。

游戏方法

1. 播放音乐《开始和停止》，引导幼儿聆听并发现音乐中反复开始和突然停止的特点。

2. 教师通过自己的身体动作（如摆动身体、定格不动）来示范音乐的节奏。

3. 教师带领幼儿随着音乐的开始和停止拍手，感受音乐的节奏。

4. 当音乐停止时，幼儿要立即停止动作并保持静止，像木头人一样。音乐再次开始时，幼儿恢复动作。

5. 幼儿手持呼啦圈，在音乐开始时围绕呼啦圈跳舞或做动作，音乐停止时迅速跳进呼啦圈内并保持静止。

游戏延伸

引导幼儿使用不同的乐器（如沙锤、串铃等）为《开始和停止》音乐伴奏，培养幼儿的节奏感和创造力。

观察建议

1. 幼儿能准确感知音乐特点，并随音乐做出相应的动作。

2. 幼儿积极参与游戏，能集中注意力。

游戏 28：大雨小雨

游戏经验

1. 认识并区分大雨和小雨的不同特点，如声音大小、速度等。

2. 通过欢快的歌曲和互动游戏，让幼儿感受音乐活动的乐趣。

游戏准备

1. 游戏材料：大雨、小雨的图片和音乐。

2. 游戏人数：8~10 人。

3. 游戏时长：5~8 分钟。

4. 游戏地点：集中区。

游戏方法

1. 播放大雨和小雨的录音或音乐，引导幼儿倾听并分辨两种声音的不同。

2. 教师先示范模仿大雨的声音（如"哗啦啦"）和小雨的声音（如"淅沥淅沥"），鼓励幼儿模仿。

3. 出示大雨和小雨的图片或卡片，简单介绍它们的特点。

4. 播放大雨和小雨的音乐，幼儿随着音乐节奏进行表演，引导幼儿用声音和动作同时表现大雨和小雨，如大雨时用力挥动手臂，小雨时轻轻摆动手指。

游戏延伸

鼓励幼儿尝试用其他方式表达大雨和小雨，如用不同的乐器（如摇铃、沙锤）模拟雨声，或创编简单的舞蹈动作。

观察建议

1. 幼儿能区分大雨和小雨的不同特点。

2. 幼儿能通过声音和动作表达自己的感受。

游戏 29：T 台走秀

游戏经验

1. 通过模仿走秀动作，锻炼幼儿的身体协调性和平衡感。

2. 感受音乐的节奏和氛围，学会在音乐中展现自我。

游戏准备

1. 游戏材料：服装道具、音乐、多媒体设备。

2. 游戏人数：8~10 人。

3. 游戏时长：10 分钟。

4. 游戏地点：剧场舞台。

游戏方法

1. 教师播放一段走秀的视频或图片，引发幼儿的兴趣，并简单介绍走秀的基本概念和规则。

2. 教师示范走秀动作，如摆臂、转身、定点等，鼓励幼儿模仿并加入自己的创意元素。

3. 播放节拍简单、节奏明显的音乐，邀请幼儿逐一走上 T 台进行展示。

4. 教师鼓励幼儿大胆尝试不同的造型，展现自己的个性和创意。

游戏延伸

根据节日、季节或特定主题（如动物、海洋等）设计不同的走秀活动，激发幼儿的创造力和想象力。

观察建议

1. 幼儿自信大方，敢于展现自我。

2. 幼儿能跟随音乐的节奏走秀。

游戏 30：体验《碰碰舞》

游戏经验

1. 感知并跟随音乐的节奏进行简单的身体动作。

2. 感受音乐游戏中合作的乐趣，培养初步的社会交往能力。

游戏准备

1. 游戏材料：身体部位卡片、音乐、多媒体设备。

2. 游戏人数：6~8 人。

3. 游戏时长：10 分钟。

4. 游戏地点：户外操场。

游戏方法

1. 用简短的故事引入游戏，如"森林里的小动物们要举行碰碰舞会，邀请我们一起去参加"。

2. 播放《碰碰舞》音乐，让幼儿初步感受歌曲的旋律和节奏。教师可以随着音乐做一些简单的身体动作，引导幼儿注意观察和模仿。

3. 教师出示身体部位图片或卡片，逐一介绍并引导幼儿触摸自己的身体相应部位。

4. 幼儿围成一圈，随着音乐节奏进行简单的身体动作，如走、拍手、跺脚等。当音乐达到某个特定节奏时，教师喊出"碰碰××"，如碰碰手、碰碰头等，幼儿迅速做出相应动作。

游戏延伸

逐渐增加游戏难度，如改变触碰的身体部位或增加触碰的人数。

观察建议

1. 幼儿能准确感知并跟随音乐的节奏进行身体动作。

2. 幼儿能与同伴友好合作，共同完成任务。

游戏 31：我会讲故事

游戏经验

1. 培养幼儿语言表达能力。
2. 理解故事结构与逻辑。

游戏准备

1. 游戏材料：故事图片、故事展示板。

2. 游戏人数：3~5 人。

3. 游戏时长：5 分钟。

4. 游戏地点：语言区。

游戏方法

1. 教师讲述一个故事，并将故事图片单独展示给幼儿。

2. 幼儿观察图片，讨论并尝试将图片按照故事发展的顺序排列。

3. 排列完成后，邀请幼儿根据图片顺序讲述整个故事。

游戏延伸

将幼儿讲述的故事录音，制作成音频故事分享。

观察建议

1. 幼儿语言表达清晰、连贯。
2. 幼儿能理解故事的结构与逻辑。

游戏 32：悄悄话

游戏经验

1.鼓励幼儿大胆表达自己的想法和感受，提高语言表达能力。

2.乐意与他人进行游戏，培养幼儿之间的亲密感和信任感。

游戏准备

1.游戏材料：轻柔的背景音乐。

2.游戏人数：5~6人。

3.游戏时长：8~10分钟。

4.游戏地点：表演区。

游戏方法

1.教师与一名幼儿示范说悄悄话，引起其他幼儿的兴趣。

2.教师向幼儿解释什么是悄悄话，并提问幼儿："你们想和谁说悄悄话呢？"

3.让幼儿两两配对，面对面坐下或站好，准备说悄悄话。

4.教师给出一些话题或情境，如"你今天最开心的事情是什么？你最喜欢的食物是什么？你最喜欢去哪里玩？"

游戏延伸

设置不同的角色和情境，让幼儿在角色扮演中体验说悄悄话的乐趣。

观察建议

1.幼儿语言表达是否清晰、流畅。

2.幼儿能理解什么是悄悄话。

游戏 33： 打电话游戏

1. 练习对话，提高语言表达能力和听说能力。

2. 增进与同伴之间的交流，培养社交技能。

游戏准备

1. 游戏材料：旧电话机、歌曲。

2. 游戏人数：2~4 人。

3. 游戏时长：5 分钟。

4. 游戏地点：娃娃家。

游戏方法

1. 教师播放歌曲《打电话》，结合歌词做动作，引起幼儿的兴趣。

2. 展示真实的电话，让幼儿观察并了解其基本构造和使用方法。

3. 幼儿两人一组，使用旧电话机模拟打电话的情景。

4. 教师引导幼儿可以问以下问题，如："喂，你好……请问你是谁？……你喜欢做什么？"

5. 鼓励幼儿自由发挥，创造自己的通话内容和角色。

游戏延伸

在班级角色扮演区设置"电话亭"，投放更多的电话道具和角色扮演服装，让幼儿自由地进行电话通话和角色扮演游戏。

观察建议

1. 幼儿享受与同伴交流。

2. 幼儿语言表达是否清晰、连贯。

游戏 34：创编《小·熊找家》

游戏经验

1. 提升幼儿的语言表达能力和想象力。

2. 增进幼儿对故事情节的理解与记忆。

游戏准备

1. 游戏材料：绘本、动物手偶、场景道具。

2. 游戏人数：5~6 人。

3. 游戏时长：10 分钟。

4. 游戏地点：语言区。

游戏方法

1. 教师先讲述《小熊找家》的故事，引导幼儿理解故事内容。

2. 幼儿选择角色，在教师的引导下，按照故事情节进行角色扮演，通过对话重现故事。

3. 鼓励幼儿自由发挥，加入自己的想法和动作。

游戏延伸

根据故事内容进行艺术创作。

观察建议

1. 幼儿语言表达流畅。

2. 幼儿能理解并记忆故事。

游戏 35：看谁学得像

游戏经验

1. 观察和模仿动作，提升幼儿的模仿能力和身体协调性。

2. 鼓励幼儿发挥创意，激发想象力和创造力。

游戏准备

1. 游戏材料：动物卡片、道具、音乐。

2. 游戏人数：5~8 人。

3. 游戏时长：10 分钟。

4. 游戏地点：集中区。

游戏方法

1. 教师展示动物卡片，引导幼儿观察并说出卡片上的角色名称。

2. 鼓励幼儿模仿小动物的动作，如乌龟做出慢吞吞的动作、小鸭做出摇摇摆摆的动作，增加游戏的趣味性和互动性。

3. 教师引导幼儿学唱歌曲《看谁学得像》，注意强调歌曲的节奏和动作。

4. 幼儿根据歌曲中的小动物与动作进行创意改变，增添趣味性和个性化。

游戏延伸

当幼儿对歌曲熟悉后，让幼儿跟随音乐模仿动物。

看谁学得像（儿歌）

看谁学得像？小鹦鹉学人话，小金鱼摆尾巴，小鸭子学走路，走起路来摇摇摇。

看谁学得像？小猴子学爬树，小山羊学吃草，小朋友学唱歌，唱起歌来呱呱叫。

观察建议

1. 幼儿能准确观察和模仿小动物。

2. 幼儿在活动中能加入自己的创意和想象。

游戏 36：我有什么

游戏经验

1. 学习用"我有××"表达，提升语言发展。

2. 体验分享和表达的乐趣，培养积极的情感表达。

游戏准备

1. 游戏材料：玩具、绘本或日常生活用品。

2. 游戏人数：8~10 人。

3. 游戏时长：10 分钟。

4. 游戏地点：集中区。

游戏方法

1. 教师展示幼儿带来分享的物品，并告诉大家今天玩一个"我有什么"的游戏。

2. 邀请幼儿轮流上台展示自己带来的物品，并用"我有××"来表达。

3. 教师引导幼儿分享为什么喜欢它，尝试描述它的特征或用途。

游戏延伸

教师可以运用其他的玩具或日常用品帮助幼儿运用句子和形容词表达自己的意思。

观察建议

1. 幼儿能准确识别和描述自己的物品或特征。

2. 幼儿介绍物品时语言表达清晰、连贯。

自然与科学

发展目标

- 组织户外活动，让幼儿亲近自然，观察并了解动植物的生长变化，培养对自然的热爱和尊重。
- 通过简单的科学实验或游戏，让幼儿了解基本的科学原理，如水的浮力、磁铁的吸力等。

游戏 1：水的沉浮

1. 探索和了解水的特性，知道水有浮力，理解词语"浮、沉"。

2. 体验探索的乐趣，愿意积极表达自己的发现和感受。

游戏准备

1. 游戏材料：多种材质的物体（如积木、塑料瓶、小石头、树叶、玩具车等）。

2. 游戏人数：3~5 人。

3. 游戏时长：10 分钟。

4. 游戏地点：户外水池。

游戏方法

1. 教师以故事或情境导入，吸引幼儿兴趣："小动物们要过河，需要找到能浮在水面上的小船。"

2. 展示各种材料，引导幼儿猜测哪些物体会浮起来，哪些会沉下去。

3. 教师示范，把一块石头和一片树叶放在水里，问："石头在哪里？树叶在哪里？"鼓励幼儿把发现的用语言表达出来。

4. 教师总结："石头沉下去到水里了，树叶浮在水的上面。"引导幼儿理解和学习词汇"浮、沉"。

5. 提供更多的材料，让幼儿在玩乐中进一步感知水，鼓励幼儿分享自己的发现，说说哪些物体浮起来了，哪些沉下去了。

6. 反复游戏，巩固对"浮、沉"的认识，鼓励幼儿用语言表达观察的现象。

游戏延伸

引导幼儿利用沉浮原理，制作简单的浮沉玩具或装置，如浮沉小船。

观察建议

1. 幼儿能用简单的语言描述物体的浮沉现象。

2. 幼儿愿意通过重复实验来验证自己的发现。

游戏 2：神奇的水宝宝

游戏经验

1.初步了解水的特性，体验"水－冰－水"的变化过程，有探究的兴趣。

2.学习观察事物的变化，喜欢动手操作，语言和思维的锻炼。

游戏准备

1.游戏材料：水、储水盒、冰箱。

2.游戏人数：5~8 人。

3.游戏时长：10 分钟。

4.游戏地点：操作区。

游戏方法

1.用简单的语言讲述"水宝宝"的故事，比如，"水宝宝是个爱旅行的孩子，它能变成透明的冰块去北极玩，也能在温暖的阳光下变回原来的样子"。

2.教师与幼儿一起做小实验：把杯里的水倒进有格的冰箱储水盒里，再放进冰箱冷冻层，让幼儿定时观察水在一天之内的变化，直到结冰为止。

3.当水结成冰后，让幼儿用手感受冰块的冷和硬。

4.教师提问："我们怎么才能让冰宝宝变回水宝宝呢？"引导幼儿思考并回答，如放在太阳下、用温水泡等。

5.选择温水浸泡的方式，让孩子观察冰块融化，变回水的过程。

游戏延伸

让孩子在家中尝试不同的方法让冰融化，如放在房间里自然融化，或讨论水在生活中的其他形态。

观察建议

1.幼儿通过操作发现水在不同温度下的形态变化。

2.幼儿对实验活动有好奇心和探究欲。

游戏 3：水循环

1. 初步理解水循环的基本概念，包括蒸发、凝结和降水的过程。

2. 培养幼儿对自然界中水变化现象的好奇心和探索欲。

游戏准备

1. 游戏材料：透明玻璃杯、热水、冰块、食用色素、毛巾。

2. 游戏人数：2~5 人。

3. 游戏时长：8 分钟。

4. 游戏地点：操作区。

游戏方法

1. 教师在透明玻璃杯中加入少量热水，加入几滴食用色素使水变色，便于观察。

2. 让幼儿观察水在瓶中的状态，并引导他们注意水分蒸发后瓶壁上的水珠。

3. 将冰块或冷冻的小水球放置在另一个透明容器中，靠近之前的热水瓶。

4. 让幼儿观察当热空气遇到冷物体时，瓶口上方形成的水蒸汽凝结成水滴的现象。

5. 用湿毛巾或纸巾覆盖在热水瓶上方，模拟云层，让幼儿观察并尝试用手轻轻挤压毛巾，模拟降雨过程，看水如何从毛巾上滴落。

游戏延伸

在户外进行实地观察，寻找自然界中水循环的例子，如雨后积水蒸发、树叶上的露珠等。

观察建议

1. 幼儿能够观察到实验现象，并理解产生现象的原因。

2. 幼儿能理解水循环现象，并与日常生活中的现象联系。

游戏 4：消失的水

游戏经验

1. 学习观察事物，理解毛巾、布等物体的吸水现象。

2. 激发幼儿对自然界物质性质的好奇心，培养观察力和探索精神。

游戏准备

1. 游戏材料：毛巾、布、海绵、装少许水的盘子。

2. 游戏人数：3~5 人。

3. 游戏时长：5 分钟。

4. 游戏地点：操作区。

游戏方法

1. 教师向幼儿展示不用材质的材料，简单介绍它们的名称和特性。

2. 引导幼儿猜测哪些纸张会吸水，哪些不会，并让他们说出自己的理由。

3. 出示干毛巾或干布，擦去盘子里的水，让幼儿猜想水怎么不见了。

4. 教师引导幼儿用手去摸毛巾，引导他们发现水的去向。

5. 让幼儿用干毛巾、干布和海绵去擦其他盘子里的水，摸摸毛巾、布和海绵。

6. 教师告诉幼儿，水"跑"到毛巾、布和海绵上来了，所以盘子里的水就没有了，毛巾和海绵湿了。

游戏延伸

引导幼儿观察哪些材料吸水快，哪些吸水慢，甚至哪些几乎不吸水，并讨论为什么会出现这样的现象。

观察建议

1. 幼儿对水不见的现象表现出好奇心和探索欲。

2. 幼儿能用简单语言描述观察到的现象。

239

游戏 5：晴天和雨天

游戏经验

1. 了解常见的科学现象，学习分辨晴天和雨天两种天气现象。

2. 激发幼儿对自然界变化的兴趣和好奇心。

游戏准备

1. 游戏材料：太阳、雨滴的图片，黄色、蓝色卡纸（代表晴天和雨天），晴天、雨天的音乐，小伞（道具）。

2. 游戏人数：10 人。

3. 游戏时长：8 分钟。

4. 游戏地点：集中区。

游戏方法

1. 教师首先展示太阳和雨滴的图片，简单介绍晴天和雨天的特点。

2. 播放相应的天气背景音乐，引导幼儿感受不同天气的氛围。

3. 播放晴天的音乐，让幼儿手持黄色彩纸（代表太阳），在教室内自由"晒太阳"，模仿在晴天里玩耍的情景。

4. 转换音乐为雨天的旋律，教师用透明塑料布轻轻抖落，模拟雨滴落下。幼儿可撑起小伞，在"雨中"漫步，感受雨天的氛围。

5. 引导幼儿分享在晴天和雨天时的不同感受和体验，如，"晴天我们可以做什么？""雨天我们需要注意什么？"等。

游戏延伸

邀请幼儿扮演晴天娃娃或雨天娃娃，通过简单的舞蹈或动作表演，进一步加深对两种天气的理解。

观察建议

1. 幼儿对自然界的变化有浓厚的兴趣。

2. 幼儿能够区分晴天和雨天两种天气。

游戏 6：小小气象员

游戏经验

1. 了解气象员的工作内容，增强对天气变化的兴趣和认知。

2. 激发幼儿对自然环境的探索欲，培养初步的环保意识。

游戏准备

1. 游戏材料：气象员服装或道具（帽子、雨衣等），天气图片（晴天、雨天、阴天、下雪等），天气预报的音乐。

2. 游戏人数：3~5 人。

3. 游戏时长：8 分钟。

4. 游戏地点：操作区。

游戏方法

1. 教师向幼儿介绍气象员的角色，并邀请几位幼儿扮演气象员，其他幼儿作为观众或助手。

2. 展示天气图标卡片，逐一介绍每种天气的特点，并让幼儿尝试模仿该天气下的动作或表情。

3. 播放模拟天气预报的背景音乐，让扮演气象员的幼儿轮流上前，根据事先准备好的天气卡片，用简单的语言播报天气情况。

游戏延伸

鼓励幼儿在家中也设立一个"小小天气站"，每天观察并记录天气情况，与家人分享自己的发现。

观察建议

1. 幼儿投入角色扮演中，对天气预报的活动感兴趣。

2. 幼儿能准确识别并描述天气状况。

游戏 7：小雨滴的旅行

游戏经验

1.通过模拟小雨滴的旅行过程，让幼儿增加对自然界水循环现象的认识。

2.激发幼儿的想象力和探索欲，培养观察力和初步的科学探究能力。

游戏准备

1.游戏材料："雨滴"头饰，天空、海洋、河流、湖泊、云朵等背景。

2.游戏人数：2~4人。

3.游戏时长：5分钟。

4.游戏地点：操作区。

游戏方法

1.教师讲述小雨滴从云朵中诞生，经历降雨、流入河流、湖泊，最终汇入海洋的旅行故事。

2.让幼儿戴上"雨滴"头饰，扮演小雨滴。在音乐声中，幼儿手持小纸片或珠子（代表雨滴），在"天空"（蓝色布）上跳跃，模拟雨滴从云朵中落下的场景。

3.教师引导"雨滴"们按照设定的路线（河流、湖泊、海洋模型），模拟雨滴的旅行过程。

4.在旅行途中，可以加入简单的问答或指令游戏，如，"小雨滴现在在哪里？""小雨滴要跳入哪个湖泊？"等。

5.旅行结束后，教师与幼儿一起回顾小雨滴的旅行过程，理解雨水的流动。

游戏延伸

引导幼儿观察真实世界中的雨水变化，如雨后花草的变化、水坑的形成等。

观察建议

1.幼儿对模拟雨滴的旅行活动表现出好奇和兴趣。

2.幼儿对自然现象有初步的认识。

游戏 8：彩虹水实验

游戏经验

1. 通过彩虹水实验，让幼儿直观感受到颜色混合产生的奇妙变化，增强对色彩的认知和理解。

2. 培养幼儿的探索欲和好奇心，激发他们对科学实验的兴趣和热爱。

游戏准备

1. 游戏材料：透明杯若干，食用色素（红、黄、蓝），吸管，纸巾。

2. 游戏人数：3~5 人。

3. 游戏时长：5~8 分钟。

4. 游戏地点：户外。

游戏方法

1. 教师将清水分别倒入透明塑料杯中，每个杯子装半杯水。

2. 在每个杯子里滴入不同颜色的食用色素，形成红、黄、蓝三杯有色水。

3. 在托盘上放置纸巾，将滴有不同颜色色素的水杯一字排开，用纸巾的一端轻轻触碰每个杯子的水面，让水通过纸巾自然渗透扩散，形成彩虹效果。

4. 引导幼儿观察纸巾上颜色扩散的过程和最终形成的彩虹效果，讨论为什么会有这样的现象。

游戏延伸

探索其他可以制作彩虹的方法，如使用喷雾瓶喷洒有色水在阳光下观察等。

观察建议

1. 幼儿理解色彩融合后颜色会产生变化。

2. 幼儿参与实验活动认真、专注。

游戏 9：好玩的传声筒

游戏经验

1. 乐意倾听别人的说话并学习与他人交流，体验与他人游戏的快乐。

2. 对声音有一定的注意力和敏感度，对手工制作的传声玩具产生兴趣。

游戏准备

1. 游戏材料：干净的纸杯、连接用的线。

2. 游戏人数：6~8 人。

3. 游戏时长：10 分钟。

4. 游戏地点：操作区。

游戏方法

1. 教师出示传声筒，引导幼儿观察其外形特征，并简单介绍传声筒的用途。

2. 教师制作传声筒，在 2 个纸杯的底部，各用针线穿一个小孔，用一条长约 60 厘米的线串起来。

3. 通过"悄悄话"游戏激发幼儿的兴趣，教师示范如何使用传声筒说悄悄话。

4. 幼儿自由拿取传声筒，尝试各种玩法，如滚动、敲击、作为望远镜等。

5. 教师和幼儿各拿一个杯子，用互通电话的方式传递各种声音。

6. 当幼儿已经能完全自如地听和说后，教师和幼儿背对背，两人彼此看不见对方，增加游戏的难度。

游戏延伸

鼓励幼儿两两结伴进行游戏，一个对着传声筒说话，另一个用耳朵听，并尝试复述听到的内容。

观察建议

1. 幼儿能正确使用传声筒进行传声游戏。

2. 幼儿能大胆提问并表达自己的发现。

游戏 10：找长短

1. 联系生活经验去感知和比较物品的长短，并按长短进行分类。

2. 动手操作物体，精细动作的练习，思维能力的锻炼。

游戏准备

1. 游戏材料：两种长度不同的筷子、绳子、笔、棍子、棒子等材料，一个大篮子、一个小篮子。

2. 游戏人数：3~5 人。

3. 游戏时长：5 分钟。

4. 游戏地点：户外。

游戏方法

1. 教师用一个小故事引入长短分类的主题："长短王国里的玩具们要回家，但是他们忘记了回家的路，你能帮他们找到正确的家吗？"

2. 展示准备好的长短不同的木棍，让幼儿观察并自由触摸，感受它们的长短差异，分辨哪支长、哪支短。

3. 教师拿起两个长短差异明显的玩具，对比给幼儿看："这个长，这个短。"引导他们模仿说出"长"和"短"。

4. 再让幼儿辨别筷子、绳子、棒子等物品，引导幼儿将长的物品放进大的篮子里，短的物品放在小篮子里。

游戏延伸

教师在生活中有意识地引导幼儿对物品进行长短比较，帮助他们更好地掌握。

观察建议

1. 幼儿能正确理解"长"和"短"的概念，并能准确描述物品的长短。

2. 幼儿能按照长短正确分类物品。

游戏 11：寻找东西

1. 寻找不同方位的物体，细心观察事物。

2. 走、跑等大动作的灵活性，愉快的情绪情感体验。

游戏准备

1. 游戏材料：儿歌、小玩具等。

2. 游戏人数：3~5 人。

3. 游戏时长：5 分钟。

4. 游戏地点：室内外。

游戏方法

1. 教师先把小玩具藏于幼儿熟悉的地方，如山坡上、沙池里、大树下等。

2. 教师与幼儿一边四周走动，一边提示他们寻找玩具，并把小玩具寻找出来。

3. 引导幼儿说出在哪里找到玩具的，如，"我在山坡上发现的""我在沙池里看到的"，等等。

游戏延伸

可以玩"躲猫猫"的游戏，让幼儿在户外找一个藏身处，成人去寻找。

观察建议

1. 幼儿积极参与寻找玩具的活动。

2. 幼儿在寻找过程中表现出较强的观察力。

游戏 12：种子成长记

游戏经验

1. 通过观察和记录种子的发芽、生长过程，让幼儿初步了解植物生长的基本条件和过程。

2. 种植和照顾植物需要时间和耐心，通过这一过程培养幼儿的责任感和持续关注的习惯。

游戏准备

1. 游戏材料：小花盆、种子（绿豆、黄豆）、湿润的土壤、喷壶、刻度尺。

2. 游戏人数：5~6 人。

3. 游戏时长：5 分钟。

4. 游戏地点：植物角。

游戏方法

1. 教师向幼儿展示种子和种植工具，简单介绍种子生长的基本条件，如阳光、水分、土壤。

2. 每个幼儿选择一颗种子，而后放入花盆中，覆盖适量的湿润土壤，确保种子与土壤接触良好。

3. 引导幼儿用喷壶给植物浇水，保持土壤湿润，并放置在阳光充足的地方。

4. 每周固定时间观察植物的变化，鼓励幼儿分享自己的观察结果，描述种子的生长过程和自己的感受。

游戏延伸

鼓励幼儿制作植物生长日记，用图画和文字结合的方式记录植物从种子到成熟的整个过程。

观察建议

1. 幼儿积极参与观察和记录。

2. 幼儿能够耐心照顾植物。

游戏 13：昆虫世界

游戏经验

1.通过观察和互动，让幼儿初步了解昆虫的基本特征，如身体分为头、胸、腹三部分，通常具有六条腿等。

2.激发幼儿对自然界中小动物的好奇心，培养细致观察和探索的兴趣。

游戏准备

1.游戏材料：昆虫模型、昆虫绘本、昆虫卡片、放大镜。

2.游戏人数：3~5人。

3.游戏时长：5分钟。

4.游戏地点：观察角。

游戏方法

1.教师展示昆虫模型，引导幼儿观察昆虫的不同部位，如触角、翅膀、腿等。

2.讲述关于昆虫的简短故事或绘本内容，增加幼儿对昆虫的兴趣和了解。

3.使用昆虫卡片，让幼儿根据昆虫的特征进行分类，如按翅膀数量、颜色等。

游戏延伸

在班级中设立"昆虫角"，展示制作的昆虫手工艺品、收集的昆虫图片和资料。

观察建议

1.幼儿对昆虫有浓厚的兴趣和好奇心。

2.幼儿能认识昆虫的不同部位与特征。

游戏 14：太阳与影子

游戏经验

1. 理解太阳与影子之间的关系，知道影子是由光线照射物体后产生的。

2. 观察并描述影子的变化，提升幼儿的观察力和表达能力。

游戏准备

1. 游戏材料：手电筒，不同形状和大小的物体（玩具、积木等），白纸。

2. 游戏人数：3~5 人。

3. 游戏时长：8~10 分钟。

4. 游戏地点：光影区。

游戏方法

1. 教师向幼儿展示手电筒和物体，简单介绍太阳和影子的概念，激发幼儿的兴趣。

2. 在明亮但非直射阳光的环境下，打开手电筒，让光线照射在物体上，观察物体在地面形成的影子。

3. 改变手电筒的位置（模拟太阳移动），观察影子的方向和长短如何变化。

4. 更换不同形状和大小的物体，观察影子的形状变化。

5. 让幼儿尝试站在不同位置，观察自己影子的变化，并说出自己的发现。

游戏延伸

在晴朗的天气下，带领幼儿到户外观察真实的太阳和影子，比较室内外影子的不同。

观察建议

1. 幼儿能描述影子的形状、方向和长短变化。

2. 幼儿能用语言表达自己的观察和发现。

游戏 15：光影故事

游戏经验

1. 直观感受光与影的存在，理解光照射在不同物体上会产生不同的影子形状。

2. 鼓励幼儿利用光影变化创造故事情节，培养他们的想象力和创造力。

游戏准备

1. 游戏材料：手电筒，各种形状的玩具（动物模型、积木），白墙。

2. 游戏人数：2~4 人。

3. 游戏时长：5~8 分钟。

4. 游戏地点：光影区。

游戏方法

1. 教师展示手电筒照在物体上产生的影子，引导幼儿观察并描述影子的形状和特征。

2. 邀请幼儿选择自己喜欢的玩具，打开手电筒，调整角度和距离，观察并讨论产生的影子变化。

3. 鼓励幼儿根据影子的形状和变化，想象并讲述一个简短的故事。

游戏延伸

幼儿可以根据自己讲述的故事内容，进行简单的角色扮演，进一步体验光影故事的乐趣。

观察建议

1. 幼儿对光影游戏表现出浓厚的兴趣，愿意主动探索和尝试。

2. 幼儿能根据影子的形状和变化创造有趣的故事情节。

游戏 16：认识云朵

1. 引导幼儿观察天空中的云朵，了解云朵的基本形态和变化。

2. 让幼儿亲近自然，感受大自然的美丽和神奇，培养对大自然的热爱之情。

游戏准备

1. 游戏材料：云朵图片或绘本，涂画本、蜡笔或彩笔。

2. 游戏人数：3~5 人。

3. 游戏时长：5~8 分钟。

4. 游戏地点：户外开阔、安全的场地。

游戏方法

1. 教师出示云朵图片或讲述云朵的绘本故事，引起幼儿对云朵的兴趣。

2. 引导幼儿讨论自己见过的云朵形状和颜色，激发幼儿的想象力和表达欲望。

3. 带领幼儿到户外场地，引导幼儿抬头观察天空中的云朵，鼓励用简单的语言描述云朵的形状和颜色，如"这朵云像只小白兔"。

4. 教师可以适时提问，引导幼儿更深入地观察云朵的变化，如"云朵现在变成什么样子了？""你觉得这朵云像什么？"等。

5. 提供图画本和彩色笔，引导幼儿根据云朵的形状进行想象，将其比作各种动物、物品等。

6. 邀请幼儿展示自己的画作，并分享自己想象的故事。

游戏延伸

组织幼儿观看云朵形成的科普视频或参加相关科普活动，了解云朵的科学原理和自然现象。

观察建议

1. 幼儿对观察云朵的活动有浓厚的兴趣。

2. 幼儿能用简单语言清晰表达自己的观察。

游戏 17：声音的传播

游戏经验

1.通过游戏，让幼儿初步认识声音，了解声音的存在和多样性。

2.激发幼儿对声音传播现象的好奇心和探索欲，培养初步的科学探究能力。

游戏准备

1.游戏材料：铃铛或摇铃、木块、装满水的水盆、纸箱等。

2.游戏人数：2~4 人。

3.游戏时长：5~8 分钟。

4.游戏地点：操作区。

游戏方法

1.教师使用发声物品制造声音，引导幼儿注意并识别不同的声音。

2.让幼儿尝试自己制造声音，如拍手、跺脚等，感受声音的产生。

3.将发声物品（如小铃铛）放在固体材料（如木块）上，让幼儿观察并倾听声音的变化，感受声音在固体中的传播。

4.将发声物品（如小石子）轻轻投入装满水的水盆中，让幼儿观察水面的波动并倾听声音，理解声音在液体中的传播（此环节需确保幼儿安全）。

5.在封闭空间内（如纸箱内）放置发声物品，让幼儿在外部倾听声音，理解声音在空气中的传播。

游戏延伸

鼓励家长与幼儿一起在家中寻找更多关于声音传播的现象，如敲击不同材质的物体听声音、在浴室中观察声音在水中的传播等。

观察建议

1.幼儿对声音传播现象表现出好奇和关注。

2.幼儿能理解声音可以通过不同的介质（如空气、固体、液体）传播。

游戏 18：土壤的秘密

游戏经验

1.幼儿通过日常生活接触土壤，对土壤的触感、颜色等有初步了解。

2.幼儿能够识别一些基本的自然物质，如沙子、小石子等，这些物质常常与土壤混合存在。

游戏准备

1.游戏材料：干燥的土壤、小铲子、放大镜。

2.游戏人数：3~5 人。

3.游戏时长：10 分钟。

4.游戏地点：科学区。

游戏方法

1.通过图片或实物向幼儿展示土壤，引起幼儿的兴趣和好奇心。

2.简要介绍土壤的基本知识，如土壤的来源、用途等。

3.鼓励幼儿使用小铲子、小勺子等工具挖掘和搅拌土壤，观察土壤中的颗粒和成分。

4.引导幼儿发现土壤中的不同颗粒，如沙子、小石子、植物残骸等，并尝试用语言描述它们的特征。

5.邀请幼儿分享自己的发现，如他们在土壤中找到了什么、土壤的颜色和触感如何等。

游戏延伸

带领幼儿在户外观察自然中的土壤，了解土壤在自然环境中的作用。

观察建议

1.幼儿能细致观察土壤中的颗粒成分。

2.幼儿能清晰、准确地表达自己在游戏中的发现和感受。

游戏 19：什么动物叫

游戏经验

1. 增强幼儿对动物的认识，培养他们的听觉感知能力和语言表达能力。

2. 体验到模仿的乐趣，并学会与他人互动。

游戏准备

1. 游戏材料：常见的动物图片或玩偶、动物的叫声、音箱。

2. 游戏人数：5~8 人。

3. 游戏时长：5 分钟。

4. 游戏地点：操作区。

游戏方法

1. 教师通过谈话的方式引入游戏，展示动物图片或玩偶，引起幼儿的兴趣。

2. 播放动物叫声录音，让幼儿猜测是哪种动物在叫。

3. 教师逐一展示动物图片或玩偶，并模仿该动物的叫声，引导幼儿一起模仿。

4. 可以多次重复，确保每个幼儿都有机会模仿和学习。

5. 将幼儿分成小组，教师说出动物名称，幼儿模仿该动物的叫声。

游戏延伸

鼓励幼儿选择自己喜欢的动物进行角色扮演，通过模仿动物的叫声和动作来增强对动物的认识。

观察建议

1. 幼儿在游戏过程中对动物的叫声表现出浓厚的兴趣，能够积极参与模仿。

2. 幼儿在游戏中能与教师、同伴积极互动。

游戏 20：火山爆发

游戏经验

1. 激发幼儿对自然现象的好奇心，培养观察力和动手能力。

2. 体验科学实验的乐趣，并初步了解化学反应的基本概念。

游戏准备

1. 游戏材料：小苏打、白醋、色素、塑料瓶、洗洁精。

2. 游戏人数：1~3 人。

3. 游戏时长：5 分钟。

4. 游戏地点：科学区。

游戏方法

1. 教师向幼儿简单介绍火山和火山喷发的概念，以及即将进行的实验。

2. 展示小苏打和醋，并解释它们混合后会发生什么。

3. 操作实验：在瓶中倒入适量的小苏打，提前将白醋和红色食用色素混合，然后缓慢倒入瓶中，观察"火山爆发"的景象。

4. 引导幼儿观察实验现象，询问他们看到了什么，感受到了什么。

游戏延伸

带领幼儿观看真实的火山视频或图片，了解更多关于火山的知识。

观察建议

1. 幼儿对实验表现出浓厚的兴趣，积极参与并主动提问。

2. 幼儿观察细致，能够注意到实验现象的变化。

游戏 21：月亮的变化

1. 帮助幼儿认识和理解月亮在不同时间段的形态变化。

2. 激发幼儿对天文现象的好奇心和探索欲，培养观察力和记忆力。

游戏准备

1. 游戏材料：月亮变化图卡、绘本、手偶。

2. 游戏人数：5~8 人。

3. 游戏时长：10 分钟。

4. 游戏地点：操作区。

游戏方法

1. 使用月亮绘本向幼儿讲述月亮变化的故事，引起他们的兴趣。

2. 简要解释月亮为什么会发生变化，以及这些变化是如何随着时间推移而发生的。

3. 将月亮变化图卡打乱顺序，展示给幼儿看。

4. 引导幼儿根据月亮变化的自然顺序——新月→上弦月→满月→下弦月，将卡片重新排列。

5. 可以多次重复游戏，加深幼儿对月亮变化顺序的记忆。

游戏延伸

鼓励家长晚上带幼儿观察真实的月亮，并尝试识别月亮的不同形态。

观察建议

1. 幼儿能够理解月亮变化的概念。

2. 幼儿能够准确识别不同形态的月亮。

游戏 22：有趣的风

1. 感受风的存在、了解风的基本特性，激发对自然现象的好奇心和探索欲。

2. 促进幼儿感官发展，培养观察力和想象力。

游戏准备

1. 游戏材料：风车或风铃、扇子或小风扇、彩色丝带或气球。

2. 游戏人数：8~10 人。

3. 游戏时长：10 分钟。

4. 游戏地点：户外开阔场地。

游戏方法

1. 带领幼儿在户外安全区域站立，闭上眼睛，深呼吸，感受风轻轻吹过脸颊和身体的感觉。

2. 引导幼儿用语言表达自己对风的感受，如"风是凉凉的""风让我感觉很舒服"等。

3. 展示风车或风铃，轻轻摇动扇子或打开小风扇，让幼儿观察风车转动或风铃响起的现象。

4. 释放彩色丝带或气球，让幼儿观察它们在风中的飘动轨迹，讨论风是如何改变它们的方向的。

游戏延伸

带领幼儿在户外寻找风的踪迹，如观察树叶的摇曳、旗帜的飘扬等，进一步感受风的存在和力量。

观察建议

1. 幼儿能够通过触觉和听觉等感官来感知风的存在和特性。

2. 幼儿观察风时专注且细致，能够准确描述观察到的现象。

257

游戏 23：观察鹦鹉

1. 了解鹦鹉的外貌特征、行为习性以及声音特点，培养他们的观察力及对动物的好奇心。

2. 引导幼儿学习简单的动物保护知识，培养爱护动物的意识。

游戏准备

1. 游戏材料：鹦鹉（或图片、模型），鹦鹉叫声。

2. 游戏人数：3~5 人。

3. 游戏时长：5 分钟。

4. 游戏地点：户外。

游戏方法

1. 通过展示真实的鹦鹉，引起幼儿的兴趣，简单介绍鹦鹉的基本信息。

2. 引导幼儿仔细观察鹦鹉的外貌特征，如羽毛颜色、眼睛大小、嘴巴形状等。

3. 聆听或播放鹦鹉叫声录音，让幼儿模仿鹦鹉的叫声。

4. 与幼儿进行问答游戏，了解他们对鹦鹉的初步认知。

5. 鼓励幼儿提出问题，增强他们的参与感和好奇心。

游戏延伸

邀请幼儿扮演小鹦鹉，模仿鹦鹉的飞翔、吃食等动作，增加游戏的趣味性和互动性。

观察建议

1. 幼儿能够细致观察鹦鹉的外貌特征和行为习性。

2. 幼儿表现出对鹦鹉和其他动物的好奇心和探索欲。

游戏 24： 互不理睬的气球

1. 了解物体因摩擦而带电的现象，即"摩擦起电"。

2. 激发幼儿的好奇心和探索欲，同时培养他们的观察力、动手能力。

游戏准备

1. 游戏材料：气球两个、干燥的绒布、细线。

2. 游戏人数：2~4 人。

3. 游戏时长：3~5 分钟。

4. 游戏地点：操作区。

游戏方法

1. 将两个气球吹满气并绑紧，防止漏气，使用细线将两个气球连接在一起，确保它们能够自由摆动且不会相互缠绕。

2. 让幼儿手提细线的中间，观察两个气球的状态。通常情况下，两个气球会相互靠在一起。

3. 让幼儿用干燥的绒布（或绒毛衣）分别在两个气球上充分摩擦，确保每个气球都被均匀摩擦。

4. 摩擦完成后，让幼儿再次提起细线，观察两个气球的变化。此时，两个气球会因为带上同种电荷而相互排斥，呈现"互不理睬"的状态。

游戏延伸

使用其他材料（如塑料尺、头发等）进行摩擦起电实验，观察不同材料产生的静电效果。

观察建议

1. 幼儿能够注意到气球在摩擦前后的状态变化。

2. 幼儿能用简单的语言描述他们观察到的现象和感受。

游戏 25：会变色的花

游戏经验

1. 观察花朵在不同液体中的颜色变化，激发幼儿的好奇心和探索欲。

2. 培养幼儿的观察力、动手能力和初步的科学思维。

游戏准备

1. 游戏材料：白色康乃馨、食用色素、水、杯子。

2. 游戏人数：5~6 人。

3. 游戏时长：3~5 分钟。

4. 游戏地点：操作区。

游戏方法

1. 教师在三个透明杯子中分别倒入适量的清水，用食用色素分别将三个杯子中的水染成红色、黄色和蓝色。

2. 将白色花朵分别放入三个透明杯子内，几天后观察花朵颜色的变化。

3. 引导幼儿描述他们看到的现象，如花朵变色了、颜色混合后变成了新的颜色等。

游戏延伸

鼓励幼儿在户外寻找不同颜色的花朵，观察它们的颜色是否也会随着时间和环境的变化而发生变化。

观察建议

1. 幼儿能够注意到花朵颜色的变化，以及颜色混合后的新颜色。

2. 幼儿表现出强烈的好奇心和探索欲，愿意尝试不同的操作并观察结果。

游戏 26：磁铁寻宝

游戏经验

1. 了解磁铁的基本特性和吸引力。
2. 培养幼儿的观察力、动手能力。

游戏准备

1. 游戏材料：磁铁、寻宝玩具（回形针、纸片、塑料玩具等）、小盒子。
2. 游戏人数：2~4 人。
3. 游戏时长：5 分钟。
4. 游戏地点：科学区。

游戏方法

1. 教师向幼儿展示磁铁，并简单介绍它的特性和作用，如"这是一个磁铁，它可以吸附一些金属物品"。

2. 让幼儿自由探索磁铁，尝试用磁铁去接触不同的物品，观察哪些物品能被吸附，哪些则不能。

3. 将寻宝物品分散放置在教室或游戏区域的各个角落，并告知幼儿他们需要使用磁铁去寻找这些"宝藏"。

4. 幼儿手持磁铁，在指定区域寻找能被磁铁吸引的物品。

5. 找到"宝藏"后，鼓励幼儿将物品放在小盒子里，并尝试用简单的语言描述他们的发现和感受。

游戏延伸

组织幼儿进行物品分类，将能被磁铁吸引的物品和不能被吸引的物品分开，进一步巩固他们对磁铁特性的理解。

观察建议

1. 幼儿能够准确识别哪些物品能被磁铁吸引，哪些不能。

2. 幼儿表现出强烈的好奇心和探索欲。

游戏 27：有趣的不倒翁

1. 初步认识不倒翁的外形特征和基本功能，理解上轻下重的原理。

2. 初步了解重力和重心对物体稳定性的影响。

游戏准备

1. 游戏材料：不倒翁若干。

2. 游戏人数：5~8 人。

3. 游戏时长：5 分钟。

4. 游戏地点：操作区。

游戏方法

1. 教师以谜语"一个老头，不跑不走，请他睡觉，他就摇头"引出不倒翁，激发幼儿的兴趣。

2. 教师展示已经制作好的不倒翁，让幼儿观察其外形特点，并尝试推动不倒翁，感受其不倒的特性。

3. 幼儿自由玩不倒翁，观察不倒翁的摇晃和不倒现象。

4. 引导幼儿讨论不倒翁为什么不会倒，鼓励幼儿大胆表达自己的发现。

5. 教师展示不倒翁的内部结构，解释上轻下重、底部半球形的原理。

游戏延伸

在户外活动中，利用不倒翁原理设计游戏，如"摇摆不倒翁""金鸡独立"等，感受力的平衡。

观察建议

1. 幼儿对活动有浓厚兴趣，愿意积极参与探索。

2. 幼儿在游戏中能细心观察不倒翁的特点。

游戏 28：自制泡泡水

游戏经验

1. 体验自制泡泡水的乐趣，感受科学与生活的联系。

2. 体验吹泡泡的乐趣，感受泡泡的色彩和形状变化。

游戏准备

1. 游戏材料：清水、洗洁精、杯子、吸管、水盆。

2. 游戏人数：2~4 人。

3. 游戏时长：10 分钟。

4. 游戏地点：户外。

游戏方法

1. 教师示范如何制作泡泡水，边做边讲解步骤和注意事项。

2. 给每位幼儿分发一个杯子、适量的清水、少量洗洁精和吸管。

3. 引导幼儿按照示范，将洗洁精滴入清水中，用搅拌棒轻轻搅拌，直到出现泡沫。

游戏延伸

利用泡泡水进行艺术创作，如泡泡画等。

观察建议

1. 幼儿愿意尝试并积极参与活动。

2. 幼儿在操作中动作协调。

游戏 29：四季变化

游戏经验

1. 了解四季的特点和变化，如春天的花开、夏天的炎热、秋天的落叶和冬天的雪花。

2. 促进幼儿对自然环境的认知，激发他们对大自然的兴趣和好奇心。

游戏准备

1. 游戏材料：四季的绘本，四季的道具（春天的花朵头饰、夏天的太阳镜和草帽、秋天的落叶披风、冬天的围巾和手套）。

2. 游戏人数：5~8 人。

3. 游戏时长：5 分钟。

4. 游戏地点：语言区。

游戏方法

1. 教师阅读四季绘本，讲述一个关于四季变化的小故事，引导幼儿进入游戏情境，介绍每个季节的特点和代表性事物。

2. 邀请幼儿选择自己喜欢的季节，并穿上相应的服装或道具进行角色扮演。

3. 引导幼儿模仿该季节特有的活动或声音，如春天赏花、夏天游泳、秋天捡落叶、冬天堆雪人。

游戏延伸

引导幼儿记录每天观察到的自然现象，如天气变化、植物生长等，制作简单的自然观察日记。

观察建议

1. 幼儿能够理解四季的概念和每个季节的特点。

2. 幼儿在角色扮演和分享过程中有情感表达。

游戏 30：大树的故事

游戏经验

1. 了解大树的基本结构，由树干、树枝、树叶等部分组成。

2. 激发幼儿对自然环境的兴趣和爱护之心。

游戏准备

1. 游戏材料：绿色和棕色卡纸、胶水、画笔和颜料、故事。

2. 游戏人数：8~10 人。

3. 游戏时长：5~8 分钟。

4. 游戏地点：户外涂鸦区。

游戏方法

1. 讲述一个关于大树的故事，吸引幼儿的注意力，并引导他们进入大树的世界。

2. 引导幼儿观察大树，指出树干、树枝和树叶的位置，并讨论它们的作用。

3. 分发艺术材料，提供画笔和颜料，让幼儿自由创作心中的大树。

游戏延伸

鼓励幼儿围绕大树，自由发挥想象力，讲述自己心中的大树故事，可以是关于大树成长的经历，也可以是大树与小动物之间的趣事。

观察建议

1. 幼儿能准确指出大树的各部分，并理解其功能。

2. 幼儿在游戏中表现出对大树和自然环境的喜爱和尊重。

游戏 31：会跳舞的盐

游戏经验

1. 初步了解声音与振动的关系，激发对科学的兴趣。

2. 观察盐粒在声音振动下的运动，培养幼儿的观察力和探索欲。

游戏准备

1. 游戏材料：食用盐、保鲜膜、玻璃碗。

2. 游戏人数：2~4 人。

3. 游戏时长：5 分钟。

4. 游戏地点：科学区。

游戏方法

1. 将塑料盘或浅碗放在平稳的桌面上，用保鲜膜覆盖，均匀撒上一层食用盐。

2. 对着玻璃杯口的保鲜膜大声喊叫或播放音乐，引导幼儿观察盐粒的跳动，如轻轻跳跃、聚集成小山等。

3. 尝试改变声音的大小和节奏，观察盐粒跳动的变化，引导幼儿思考声音与盐粒运动之间的关系。

游戏延伸

尝试使用其他细小颗粒物质（如小米、沙子）进行实验，观察它们对声音的反应是否相同。

观察建议

1. 幼儿能准确观察盐粒在声音振动下的变化，并能用简单的语言描述出来。

2. 幼儿能分辨出不同音量和频率的声音对盐粒运动的影响。

游戏 32：静电实验

游戏经验

1. 观察静电产生的过程和效果，增强幼儿的观察力和感知能力。

2. 锻炼幼儿的手部精细动作能力和手眼协调能力。

游戏准备

1. 游戏材料：彩色气球、绳子、纸屑。

2. 游戏人数：3~5 人。

3. 游戏时长：5 分钟。

4. 游戏地点：操作区。

游戏方法

1. 将气球吹大并用细线或绳子系好，确保幼儿可以安全地抓住气球。同时，准备好纸屑等用于展示静电吸附效果的材料。

2. 教师先示范如何将气球在头发上摩擦产生静电，并展示静电吸附头发或纸屑的效果。

3. 在教师的指导下，幼儿尝试自己将气球在头发上摩擦，并观察静电产生的现象。教师可以引导幼儿用不同的方式摩擦气球，如快慢、力度等，观察静电效果的变化。

4. 鼓励幼儿分享自己的实验过程和观察结果，引导他们用简单的语言描述静电现象。

游戏延伸

提供不同材质的物品，如塑料、丝绸、棉布等，让幼儿尝试用这些物品摩擦气球，观察并比较静电效果的不同。

观察建议

1. 幼儿对静电实验感兴趣，愿意积极参与。

2. 幼儿能准确观察并描述静电产生的现象，如头发竖立、纸屑吸附等。

游戏 33：磁力小车

游戏经验

1. 感知磁铁能吸引铁制品的现象，激发幼儿对磁力的兴趣。

2. 培养幼儿的手眼协调能力和动手操作能力。

游戏准备

1. 游戏材料：磁铁、磁力小车、回形针。

2. 游戏人数：2~4 人。

3. 游戏时长：5 分钟。

4. 游戏地点：操作区。

游戏方法

1. 教师展示磁力小车和磁铁，引起幼儿的兴趣，简单介绍磁力小车的工作原理，即磁铁能吸引铁质物品，从而驱动小车前进。

2. 教师演示如何使用磁铁驱动磁力小车前进，让幼儿观察磁力小车在磁铁作用下的移动。

3. 在教师的指导下，幼儿尝试使用磁铁驱动磁力小车前进。

4. 教师可以设置简单的任务，如让磁力小车沿着特定路线移动，增加游戏的趣味性和挑战性。

5. 引导幼儿观察磁力小车在磁铁作用下的移动情况，鼓励他们描述自己的观察结果，讨论为什么磁力小车能够移动，引导幼儿初步理解磁力现象。

游戏延伸

提供不同类型的磁铁和铁质物品，让幼儿自由探索磁力的其他应用，如磁铁吸引铁钉、磁铁间的相互吸引和排斥等。

观察建议

1. 幼儿在操作磁力小车时有一定的手眼协调能力和动手能力。

2. 幼儿能准确观察磁力小车的移动情况，并用简单的语言描述观察到的现象。

游戏 34：水的折射

游戏经验

1. 初步感知光线从空气进入水中时发生的折射现象，即光线传播方向的改变。

2. 引导幼儿仔细观察实验现象，培养他们对科学的兴趣。

游戏准备

1. 游戏材料：玻璃杯、彩笔、手电筒、小玩具。

2. 游戏人数：8~10 人。

3. 游戏时长：8 分钟。

4. 游戏地点：科学区。

游戏方法

1. 向幼儿展示透明容器和清水，提问幼儿："你们知道光是什么吗？光进入水中会发生什么变化呢？"引发幼儿的好奇心和思考。

2. 将清水倒入透明容器中，确保水面平静无波纹，使用手电筒照射水面，引导幼儿观察光线进入水中后的路径变化。

3. 在水边或水中放置彩笔，观察光线折射后物体颜色的变化或形状变形。

4. 邀请幼儿尝试将小玩具放入水中，观察它们在水中的变形情况。

5. 引导幼儿讨论并描述观察到的现象："为什么筷子在水中看起来像断了？"

6. 用简单的语言解释光的折射现象：光线从空气进入水中传播方向会发生改变。

游戏延伸

利用光的折射原理，引导幼儿制作简单的光学玩具或装饰品，如彩色棱镜等。

观察建议

1. 幼儿能准确观察并描述实验现象，如物体在水中会变形。

2. 幼儿表现出强烈的好奇心和探索欲。

游戏 35：不会湿的纸巾

游戏经验

1. 初步感知水的表面张力。

2. 培养幼儿的观察力和耐心，激发他们的好奇心和探索欲。

游戏准备

1. 游戏材料：玻璃杯、纸巾、水盆。

2. 游戏人数：2~4 人。

3. 游戏时长：5~8 分钟。

4. 游戏地点：科学区。

游戏方法

1. 教师将餐巾纸揉成团或对折成小块，放入杯底。

2. 把杯子倒扣，垂直且迅速地放入装有水的盆中。

3. 停留几秒后，垂直且平稳地将杯子从水中拿出。

4. 观察并取出杯中的纸巾，检查是否被打湿。

5. 引导幼儿讨论观察到的现象，并尝试解释为什么纸巾不会湿。

游戏延伸

尝试使用不同材质的纸张，如报纸、厚纸板，观察其结果是否有变化。

观察建议

1. 幼儿能注意到纸巾在水中的状态变化，并准确描述出来。

2. 幼儿表现出强烈的好奇心和探索欲。

游戏 36：水的探索

游戏经验

1. 认识水是无色、无味、透明的液体，感知水的流动性。

2. 激发幼儿的好奇心和探索欲，提高观察力和思考能力。

游戏准备

1. 游戏材料：水盆、积木、塑料球。

2. 游戏人数：2~4 人。

3. 游戏时长：5~8 分钟。

4. 游戏地点：科学区。

游戏方法

1. 教师通过简单的语言向幼儿介绍水，并引导他们观察水的颜色、气味和透明度。

2. 教师提问："小朋友们，你们知道这是什么吗？它是什么颜色的？我们能闻到它的味道吗？"

3. 使用颜色鲜艳的塑料杯或量杯，引导幼儿将水从一个容器倒入另一个容器，观察水的流动。

4. 游戏结束后，教师指导幼儿用毛巾或纸巾擦干手，并将游戏材料归位。

游戏延伸

进一步引入简单的科学小实验，如水的颜色变化（加入食用色素）、水的净化（使用过滤纸）等，激发幼儿对科学的兴趣。

观察建议

1. 幼儿积极参与游戏，对水的特性表现出浓厚的兴趣。

2. 幼儿愿意主动探索和尝试，注意观察水的特性。

游戏与认知

发展目标

- 通过拼图和分类游戏，锻炼幼儿的观察力，提高幼儿的逻辑思维和解决问题的能力。

- 开展角色扮演游戏，让幼儿在模拟场景中了解社会规则，加强社交互动，丰富生活认知。

游戏 1：小小快递员

游戏经验

1. 认识快递员工作，体验送快递的乐趣。

2. 培养责任感和任务意识，学会人际交往技巧。

游戏准备

1. 游戏材料：小纸箱、小推车、快递员制服或帽子。

2. 游戏人数：2~3 人。

3. 游戏时长：5 分钟。

4. 游戏地点：娃娃家。

游戏方法

1. 教师向幼儿介绍快递员的角色和职责，然后邀请幼儿扮演快递员的角色。

2. 教师准备一些快递包裹，并在包裹上贴上简单的位置标签或收件人姓名，并向幼儿介绍包裹上的信息以及如何根据信息找到收件人。

3. 幼儿用推车送货，教师可以引导幼儿观察位置、认识标签，并鼓励幼儿使用简单的礼貌用语与"收件人"（其他幼儿扮演）交流。

4. 当幼儿将包裹成功送达给"收件人"并得到感谢后，即完成任务。

游戏延伸

与幼儿一起讨论快递员在现实生活中的重要性以及他们的工作内容，帮助幼儿更好地理解快递员的工作并学会尊重他人的劳动成果。

观察建议

1. 幼儿能按照任务要求准确完成任务。

2. 幼儿在游戏中有积极的态度和愉悦的情绪。

游戏 2：认识物品

游戏经验

1. 学习运用手、眼等不同感官去了解事物，感受物品的不同材质、大小。

2. 细心地观察各种物品，学习点数，有初步的数的概念。

游戏准备

1. 游戏材料：苹果、塑料球、积木等各类不同大小和质地的物品。

2. 游戏人数：2~5 人。

3. 游戏时长：5 分钟。

4. 游戏地点：益智区。

游戏方法

1. 教师向幼儿展示并介绍物品，用简单的语言描述其颜色、形状和用途。

2. 教师将苹果、塑料球、积木等各类不同大小和质地的小物品呈现在幼儿面前。

3. 让幼儿用眼去看，用手去摸，鼓励他们用简单的词汇描述，如"软软的""硬硬的""滑滑的""粗糙的"等。

4. 让幼儿比较和认识不同物体的大小和数量，比如，"苹果比积木大""积木比塑料球多"等。

游戏延伸

增加物品的种类和复杂性，引入更多种类的物品，并引导幼儿进行分类。

观察建议

1. 幼儿能运用手、眼等感官感受不同物品的材质。

2. 幼儿能比较不同物体的大小和数量。

游戏 3：神秘物品

1. 认识物品的名称和外部特征，说出物品最突出、最简单的特征。

2. 锻炼手的触觉，运用已有的经验判断事物。

游戏准备

1. 游戏材料：魔术布袋、玩具车、动物玩偶、积木等。

2. 游戏人数：3~5 人。

3. 游戏时长：5 分钟。

4. 游戏地点：操作区。

游戏方法

1. 教师把玩具车、动物玩偶、积木等 3 种东西放进布袋里。

2. 向幼儿介绍游戏名称和玩法，说明游戏规则，即从布袋中摸出物品并说出其名称。

3. 教师示范操作，从布袋中摸出一个物品，展示给幼儿看，并说出其名称。

4. 鼓励幼儿轮流从布袋中摸出物品，并尝试说出其名称。

游戏延伸

当幼儿掌握游戏的玩法后，教师可以逐渐增加物品的个数以增加游戏的难度。

观察建议

1. 幼儿能够通过触摸辨认布袋中的物品。

2. 幼儿能够清晰地说出物品的名称。

游戏 4：朋友配对

游戏经验

1. 巩固幼儿对物体相似性的理解，促进对"配对"概念的认知。

2. 培养幼儿的观察力和手眼协调能力。

游戏准备

1. 游戏材料：配对卡片。

2. 游戏人数：5~6 人。

3. 游戏时长：5~8 分钟。

4. 游戏地点：集中区。

游戏方法

1. 教师或家长向幼儿介绍游戏的目标和规则，即找出所有相同的卡片并将它们配对在一起，使用简单的语言和生动的示范来帮助幼儿理解。

2. 将所有卡片面朝下放在桌子上，确保幼儿无法直接看到卡片上的图案。

3. 邀请幼儿轮流翻牌，每次只能翻两张。如果两张卡片相同，则将它们配对放在一起；如果不同，则将卡片重新放回原位。

4. 游戏继续进行，直到所有卡片都被配对成功。

游戏延伸

鼓励幼儿在日常生活中寻找可以配对的物品，如鞋子、袜子、手套等，进一步巩固他们对"配对"概念的理解和应用。

观察建议

1. 幼儿能准确识别并配对相同的卡片。

2. 幼儿翻牌和配对时的手部动作是否准确、灵活。

游戏 *5*：拼拼乐

1. 巩固幼儿对基础几何图形（如圆形、三角形、正方形等）的认知。

2. 锻炼幼儿的精细动作技能，培养他们的手眼协调能力。

游戏准备

1. 游戏材料：常见图形卡片、拼图板。

2. 游戏人数：2~4 人。

3. 游戏时长：5 分钟。

4. 游戏地点：操作区。

游戏方法

1. 教师向幼儿展示各种图形卡片，并逐一介绍其名称和特征。

2. 将图形卡片打乱，让幼儿根据形状名称找到对应的图形并放置在拼图底板上。

3. 反复操作，巩固幼儿对圆形、三角形、正方形的认识，并能按名称取出图形。

游戏延伸

鼓励家长在家中也准备类似的图形卡片和拼图底板，与幼儿一起进行图形认知和创作活动。

观察建议

1. 幼儿手眼协调，能够完成任务。

2. 幼儿能仔细观察图案，找到正确的位置。

游戏 6：救小动物

游戏经验

1. 愿意尝试解决问题的方法。

2. 有乐于助人的愿望，动作协调地使用工具。

游戏准备

1. 游戏材料：小动物塑料玩具 1 个，小铲子、小篮子等工具。

2. 游戏人数：3~4 人。

3. 游戏时长：10 分钟。

4. 游戏地点：水池。

游戏方法

1. 教师扮演救援队长，向幼儿介绍游戏背景："小动物们遇到了危险，需要我们去救援它们。小朋友们，你们愿意成为勇敢的救援队员吗？"

2. 带幼儿来到小水池边，和幼儿讨论：小动物们掉到水池里怎么办？

可以找谁来帮忙？小朋友能帮助小动物吗？

3. 启发幼儿开动脑筋，利用不同的工具把小动物从水里救上来。

4. 教师向幼儿介绍游戏规则和注意事项，如每次只能救一个小动物、不能推挤其他小朋友等。

5. 幼儿尝试探索不同的工具完成救援任务。

游戏延伸

教师讲述与救援小动物相关的故事，增强幼儿对小动物的爱护之心和解决问题的能力。

观察建议

1. 幼儿在游戏中具有解决困难的能力。

2. 幼儿在游戏中能够表达情感，如成功救出小动物的喜悦等。

游戏 7：买东西

游戏经验

1. 练习说出 1~3 的数量词，在游戏中学习对话。

2. 复习所认识的物体，提高语言表述能力。

游戏准备

1. 游戏材料：各种娃娃家食物玩具、小篮子。

2. 游戏人数：2~3 人。

3. 游戏时长：5 分钟。

4. 游戏地点：娃娃家。

游戏方法

1. 教师担任售货员，引导幼儿来买东西。例如："请问你要买鸡蛋吗？买几个鸡蛋呢？"

2. 引导幼儿说出自己的想法，并引导幼儿模仿给钱的动作。

游戏延伸

如果幼儿熟悉游戏的玩法和售货员的语言时，教师可与幼儿交换角色。

观察建议

1. 幼儿能准确说出需要购买的数量。

2. 幼儿能用语言简单表达自己的需求。

游戏 8：小动物在哪里

游戏经验

1. 理解上、下空间方位，学习表达句子：XX 在 XX 下（上、里）。

2. 培养观察能力和解决问题的能力。

游戏准备

1. 游戏材料：把小动物玩具分别放到床下、椅子下、纸篓里等幼儿容易看到和拿到的地方。

2. 游戏人数：10 人。

3. 游戏时长：8 分钟。

4. 游戏地点：集中区。

游戏方法

1. 教师把动物玩具藏好后，对幼儿说："我的动物朋友不见了，你们可以帮帮忙吗？请宝宝仔细找找，我的小动物藏在哪里？"

2. 当幼儿找到后，教师问："你在哪里找到小兔的？"

3. 引导幼儿说出"小兔子在桌子下""小猫在柜子里"。

4. 反复进行游戏，让幼儿理解和运用句子：XX 在 XX 下（上、里）等。

游戏延伸

当幼儿熟悉游戏后，可以把句子改成：XX 下（上、里）有 XX，以丰富幼儿的语言表达形式。

观察建议

1. 幼儿能够准确描述小动物的位置。

2. 幼儿对游戏感兴趣，积极参与。

游戏 9：积木排队

游戏经验

1. 培养幼儿对物体排列顺序的认知和理解。

2. 锻炼幼儿的手部精细动作，发展语言表达能力。

游戏准备

1. 游戏材料：不同形状的积木、图形等。

2. 游戏人数：8 人。

3. 游戏时长：10 分钟。

4. 游戏地点：建构区。

游戏方法

1. 教师使用简单的语言向幼儿介绍游戏的目的和规则，即按照一定的顺序（如颜色、形状、大小等）将积木排列起来。

2. 教师进行示范操作，按照某种规则（如从大到小）将几块积木排列好，让幼儿观察并模仿。

3. 邀请幼儿自己动手操作，尝试按照不同的规则将积木排队，教师在一旁观察并适时给予指导和帮助。

4. 鼓励幼儿展示自己的作品，并分享自己是如何进行排序的。教师给予肯定和表扬，增强幼儿的自信心和成就感。

游戏延伸

随着幼儿对游戏规则的熟悉和能力的提升，可以逐渐增加排序的难度，如引入更多种类的积木、改变排序规则等。

观察建议

1. 幼儿能够按照规则进行排序。

2. 幼儿能够理解并应用不同的排序规则。

游戏 10：串珠子

游戏经验

1. 发展手眼协调能力，提升手指的灵活性和精细动作能力。

2. 培养幼儿的专注力，激发创造力。

游戏准备

1. 游戏材料：塑料珠子、细绳。

2. 游戏人数：3~4 人。

3. 游戏时长：5~8 分钟。

4. 游戏地点：操作区。

游戏方法

1. 教师将珠子和细绳材料准备好，摆放在幼儿易于触及的地方，并简要介绍游戏目的和玩法，吸引幼儿注意力。

2. 教师示范如何串珠子，将细绳的一头打结，另一头从珠子孔穿过，再将珠子推到底，直至串成一串。

3. 教师在操作中强调安全注意事项，如不能将珠子放入口中或鼻孔中。

4. 让幼儿尝试串珠，鼓励他们按照自己的喜好和想法串珠子，可以是有规律的（如红、绿相间），也可以是随意的。

游戏延伸

提供不同颜色的卡片或形状卡片，让幼儿按照卡片上的颜色或形状分类串珠子。

观察建议

1. 幼儿能手眼协调地完成串珠，动作流畅。

2. 幼儿在串珠过程中保持专注。

283

游戏 11：大家来排队

游戏经验

1. 了解排队的重要性和基本规则，如轮流、等待、不插队等。

2. 建立初步的秩序感，学习遵守规则。

游戏准备

1. 游戏材料：动物玩偶，排队场景图片（超市、滑滑梯、地铁等）。

2. 游戏人数：5~8 人。

3. 游戏时长：5 分钟。

4. 游戏地点：集中区。

游戏方法

1. 教师通过讲述简短的故事或展示排队场景的图片，引导幼儿了解排队的重要性和基本规则。

2. 教师提问幼儿："你们在什么时候需要排队呢？"引导幼儿思考并回答。

3. 让幼儿选择自己喜欢的小动物玩偶或头饰，扮演排队的角色。

4. 教师根据游戏材料设置不同的排队情境，如超市购物、玩滑滑梯、坐地铁等。

5. 引导幼儿按照游戏规则进行排队，体验轮流、等待、不插队等过程。

6. 教师可根据情况适时调整游戏难度，如增加排队人数、变换排队场景等。

游戏延伸

在日常生活中，教师注意观察幼儿的排队行为，及时提醒幼儿遵守排队规则。

观察建议

1. 幼儿能自觉遵守排队规则。

2. 幼儿能理解并遵守轮流玩游戏的规则。

游戏 12：奇怪的放大镜

游戏经验

1. 乐意探索放大镜，感受放大镜能放大物体的特点。

2. 观察事物的变化，学习用语言表达，在物体大小变化比较中分享发现的乐趣。

游戏准备

1. 游戏材料：放大镜每人 1 个，树叶、花朵、昆虫标本等。

2. 游戏人数：3~5 人。

3. 游戏时长：5~8 分钟。

4. 游戏地点：操作区。

游戏方法

1. 教师向幼儿展示放大镜，并简单介绍其名称和基本功能，激发幼儿的好奇心。

2. 让幼儿手持放大镜，观察各种实物或标本，注意引导他们观察物体在放大镜下的大小变化。

3. 设置对比环节，让幼儿观察同一物体在放大镜和裸眼下的不同，加深理解。

4. 感受使用工具的乐趣，并能用"大""小"等词语把自己的发现告诉教师或同伴。

游戏延伸

鼓励幼儿在日常生活中寻找和观察使用了放大镜原理的物品，如老花镜、显微镜等，了解它们的作用和用途。

观察建议

1. 幼儿能观察物体在放大镜下的变化。

2. 幼儿对放大镜感到好奇，愿意探索新的观察方式。

游戏 13：我在做什么

游戏经验

1.鼓励幼儿用"我在XXX"表达自己的动作，提高语言理解和表达能力。

2.认识日常生活中的常见动作，增强幼儿对动作的认知能力。

游戏准备

1.游戏材料：娃娃家玩具，常见生活场景图片。

2.游戏人数：5~6人。

3.游戏时长：5分钟。

4.游戏地点：娃娃家。

游戏方法

1.教师展示生活场景图片，引导幼儿认识并说出图片中的动作名称。

2.教师先做一个动作（如吃饭），然后问幼儿："我在做什么？"引导他们回答"我在吃饭"并模仿该动作。

3.教师拿起杯子，一边喝一边说："我在喝牛奶。"并询问幼儿："你在喝牛奶吗？"引导幼儿拿起杯子说："我在喝牛奶。"

4.教师继续引导幼儿学习"我在吃菜、我在吃饭、我在洗脸、我在洗碗……"。

游戏延伸

与幼儿一起玩"我做你猜"的游戏，即成人做一个动作，让他们猜出动作的名称，并模仿出来。

观察建议

1.幼儿能观察他人的行为并能准确说出动作的名称。

2.幼儿能清晰地用"我在XXX"表达。

游戏 14：小小建筑师

游戏经验

1. 手、眼协调地搭积木，对空间概念有初步的感知和了解。

2. 思维与想象，精细动作的锻炼，动手操作。

游戏准备

1. 游戏材料：各种房子的图片、泡沫积木、木块积木。

2. 游戏人数：3~5 人。

3. 游戏时长：5 分钟。

4. 游戏地点：建构区。

游戏方法

1. 教师平时有意识地带幼儿到户外观看不同的建筑物，并展示不同建筑物的图片，引导幼儿进行观察和描述。

2. 在探索时，邀请幼儿一起进行拼搭，引导幼儿说："宝贝，这里有积木，你想搭什么呢？"

3. 鼓励幼儿将自己的想法说出来，教师帮助幼儿运用积木搭建房子，并引导幼儿说出自己搭建了什么、给谁住。

游戏延伸

如果幼儿对搭建更为复杂、有趣的建筑物感兴趣，教师应放手让幼儿多玩这样的游戏，根据幼儿的需要，不断地加入新的材料，如，塑料花、草、小人等。

观察建议

1. 幼儿对搭积木活动感兴趣。

2. 幼儿能手眼协调地搭积木。

游戏 15：套娃

游戏经验

1. 学习简单地从大到小排序，体验物体的排序和空间关系。

2. 专注地观察事物，动手操作物体，大胆模仿和尝试。

游戏准备

1. 游戏材料：套娃玩具（5个以内）。

2. 游戏人数：2~3人。

3. 游戏时长：5分钟。

4. 游戏地点：益智区。

游戏方法

1. 教师出示套叠娃娃玩具，让幼儿自由拆装娃娃套叠玩具，教师观察幼儿是否发现其中的奥妙。

2. 教师对套娃玩具从大到小进行排列，鼓励幼儿模仿和尝试。

3. 指导幼儿比较大小不一的娃娃，把娃娃从大到小找出来，寻找排列规律。

游戏延伸

引导幼儿反过来，从小到大进行排列。

观察建议

1. 幼儿能理解从大到小的排序规则。

2. 幼儿能理解排序对空间关系的影响。

游戏 16：小动物的座位

1. 说出各种动物的名称和位置。
2. 认识数字 1~3。

游戏准备

1. 游戏材料：3 个小动物玩具，1~3 的数字卡。
2. 游戏人数：5 人。
3. 游戏时长：5 分钟。
4. 游戏地点：娃娃家。

游戏方法

1. 教师可以为这 3 个小动物玩具编造一个有趣的故事，激发幼儿的兴趣，比如，它们是好朋友，正在准备参加一场森林派对，每个小动物都需要找到自己的座位才能上车。

2. 在一张大图上画有 3 个小动物的轮廓和对应的号码，贴在显眼的位置，供幼儿在游戏过程中参考。

3. 教师可以通过提问来加深幼儿的记忆，如"小兔子是几号呀？""小熊应该坐在哪里呢？"

4. 当幼儿遇到困难时，教师可以引导他们进行讨论，比如，"你觉得小猫咪应该坐在哪里呢？为什么？"这样的讨论不仅能帮助幼儿解决问题，还能锻炼他们的思维能力。

游戏延伸

按幼儿的实际情况，逐渐增加玩具的个数，也可把号码变成颜色、形状等来进行游戏。

观察建议

1. 幼儿能够准确找到小动物的座位。
2. 幼儿认识并说出数字 1~3。

游戏 17：小猪盖房子

1. 学习轻拿轻放积木，初步掌握搭建积木的基本技巧。

2. 训练观察力和注意力，体会童话故事中角色和情节的乐趣。

游戏准备

1. 游戏材料：积木、小猪和大灰狼的头饰。

2. 游戏人数：3~5 人。

3. 游戏时长：5~8 分钟。

4. 游戏地点：建构区。

游戏方法

1. 教师讲述《三只小猪盖房子》的故事，引导幼儿理解故事内容，特别是不同材料建造的房子在面对大灰狼时的状态。

2. 幼儿佩戴小猪或大灰狼的头饰，进行简单的角色扮演游戏。例如，小猪合作搬运积木，用不同材料建造房子；大灰狼则尝试"撞房"，体验房子结实程度的差异。

3. 提供积木等材料，引导幼儿合作建造房子。教师可以根据幼儿的年龄和能力，适当调整任务难度，如从简单的堆叠到复杂的拼插、围合。

4. 在建造过程中，教师可以适时提问，引导幼儿思考不同材料的特性和用途，以及建造房子时需要注意的事项。

游戏延伸

在区角活动中投放稻草、木头、砖的实物或仿真材料，引导幼儿触摸、比较它们的质地和硬度，进一步理解房子结实的原因。

观察建议

1. 幼儿手眼协调，能够完成搬运积木、拼插围合等动作。

2. 幼儿在游戏中能够与同伴分享材料、轮流操作。

游戏 18：有趣的积木

游戏经验

1. 观察和感知积木的多样性，根据颜色和不同的形状进行分类。

2. 动手操作物体，锻炼手部精细动作。

游戏准备

1. 游戏材料：各种各样的积木、大篮子、一些小盒子作房子。

2. 游戏人数：3~5 人。

3. 游戏时长：8~10 分钟。

4. 游戏地点：益智区。

游戏方法

1. 教师手持颜色鲜明、形状各异的积木，引起幼儿注意。

2. 逐一出示积木，引导幼儿说出颜色（如"这是红色"）和形状（如"这是圆形"）。

3. 教师将所有积木混合放入大篮子中，将一个积木放入对应的小盒子中，并说："红色的圆形宝宝回家啦！"

4. 邀请幼儿依次上前，从篮子中取出一个积木，并根据颜色和形状放入正确的盒子中。

游戏延伸

引导幼儿使用安全剪刀，剪出简单的形状，鼓励幼儿按照颜色或形状将剪好的纸片粘贴在画纸上，形成一幅作品。

观察建议

1. 幼儿手眼协调，能够准确抓取积木。

2. 幼儿能够将形状与颜色——对应。

游戏 19：套圈圈

游戏经验

1. 分辨红、黄、蓝、绿四种颜色，学习按颜色一一对应地套圈。

2. 能够手眼协调、有意识地击中目标。

游戏准备

1. 游戏材料：准备红、黄、蓝三种颜色塑料圈和三种颜色的瓶子。

2. 游戏人数：3~5 人。

3. 游戏时长：5 分钟。

4. 游戏地点：户外。

游戏方法

1. 让幼儿站在距瓶子一米远的地方，在放有红、黄、蓝三种颜色圈的篮子里拿出一个圈，寻找与圈相同颜色的瓶子进行套圈的游戏。

2. 教师选择一种颜色的塑料圈球和瓶子进行示范，"这是红色的圈，我们要找到红色瓶子，然后像这样轻轻地套上去"。

3. 游戏反复进行，让幼儿数数哪种颜色的圈套了多少个。

游戏延伸

当幼儿熟悉游戏后，教师可以设置更远的距离或更多的目标物，也可让他们比较哪种颜色多，哪种颜色少。

观察建议

1. 幼儿能够准确辨认红、黄、蓝、绿四种颜色。

2. 幼儿能否按颜色一一对应完成套圈。

游戏 20：小蛇吃东西

游戏经验

1. 认识食物及其名称，发展语言表达能力。

2. 培养观察能力和记忆能力。

游戏准备

1. 游戏材料：小蛇玩偶、食物模型、食物卡片。

2. 游戏人数：3~5人。

3. 经验准备：5分钟。

4. 游戏地点：操作区。

游戏方法

1. 教师讲述《好饿的小蛇》绘本故事，引起幼儿的兴趣。

2. 教师一边出示食物，一边让小蛇玩偶张开嘴巴，说："小蛇饿了，张开嘴巴，要吃东西！"

3. 引导幼儿说出句子"小蛇吃XX"。

4. 教师拿出卡片询问幼儿："小蛇吃了什么？"让幼儿找出食物卡片。

游戏延伸

随着幼儿年龄和能力的增长，增加玩具的个数。

观察建议

1. 幼儿能准确辨认图片并说出名称。

2. 幼儿有一定的观察和记忆能力。

游戏 21：气味大发现

游戏经验

1.学习用鼻子闻气味，发现和区别不同的气味。

2.观察和寻找事物，方位感的练习，动作的发展。

游戏准备

1.游戏材料：小毛巾，不同气味的液体，如香水、白醋等。

2.游戏人数：3~5 人。

3.游戏时长：5 分钟。

4.游戏地点：操作区。

游戏方法

1.教师和幼儿面对面站立，用两只手挥动小毛巾，让幼儿用鼻子闻一闻（轻轻地靠近毛巾），猜猜哪一条小毛巾有气味。

2.鼓励幼儿用简单的词汇描述所闻到的气味，如"香香的""酸酸的"等。

3.然后告诉幼儿在活动室的不同地方有许多小毛巾，请幼儿把有气味的毛巾找出来。

游戏延伸

可以用同样的瓶子装上不同气味的液体，让幼儿猜想并探究。

观察建议

1.幼儿能够正确闻味，轻轻地将鼻子靠近物体，而不是将鼻子直接贴上去。

2.幼儿闻到不同气味时有表情变化，如因喜欢的味道而微笑，因不喜欢的味道而皱眉。

游戏 22：男生和女生

游戏经验

1. 辨别男生和女生外貌特征，初步产生性别的意识。

2. 理解性别差异，建立正确的性别观念。

游戏准备

1. 游戏材料：男生、女生的图片，男生、女生的服装道具。

2. 游戏人数：3~5 人。

3. 游戏时长：5 分钟。

4. 游戏地点：娃娃家。

游戏方法

1. 教师出示男生、女生卡片，引导幼儿观察并说出每张卡片上是男生还是女生。

2. 教师通过提问的方式，如"这个小朋友是男生还是女生？你是怎么看出来的？"来引导幼儿思考和表达。

3. 教师设置游戏情境，如"今天我们要去参加一个舞会，请小朋友们帮这些小朋友穿上合适的衣服吧！"

4. 将服装道具放在幼儿面前，让幼儿根据性别选择合适的服装。

5. 引导幼儿选择自己喜欢的性别进行角色扮演。

游戏延伸

通过亲子共读与性别教育相关的绘本，加深孩子对性别的理解和认知。

观察建议

1. 幼儿能准确辨认男生和女生的图片和服装，理解性别差异。

2. 幼儿能用简单的语言描述性别与外貌特征。

游戏 23：软的和硬的

游戏经验

1. 感知"软的"和"硬的"两种不同触感，增强触觉感知能力。

2. 将物品按照"软的"和"硬的"分类，初步培养逻辑推理能力。

游戏准备

1. 游戏材料：软的毛绒玩具、海绵等，硬的积木、木块等。

2. 游戏人数：3~5 人。

3. 游戏时长：5 分钟。

4. 游戏地点：操作区。

游戏方法

1. 教师逐一出示软硬物品，让幼儿逐一触摸，感受物品的软硬特性。

2. 教师提问："这个摸起来是软软的还是硬硬的？"引导幼儿用语言表达自己的感受。

3. 将所有物品混合在一起，让幼儿尝试将它们按照软硬特性进行分类。

4. 展示软硬物品的图片，让幼儿尝试将软物品和硬物品的图片分别配对。

游戏延伸

把物品放在一个纸箱里，请幼儿不用眼睛看，用手去摸，感觉其质地的软硬。

观察建议

1. 幼儿能准确感知物品的软硬特性，并用语言表达出来。

2. 幼儿能正确地将物品按照软硬特性进行分类。

游戏 24：小动物缺了什么

游戏经验

1. 发现事物的特征，对事物有完整的认知。

2. 增强认知能力，培养解决问题的能力。

游戏准备

1. 游戏材料：小动物的图片（缺某个特征），动物特征的卡片、胶棒。

2. 游戏人数：5~6 人。

3. 游戏时长：10 分钟。

4. 游戏地点：美工区。

游戏方法

1. 教师用简单的故事引入："森林里的小动物们都在玩捉迷藏，可是它们玩得太开心了，不小心把自己的某个部分藏起来了。现在，我们要变成小侦探，帮助它们找回丢失的部分。"

2. 教师逐一展示缺少特征的小动物图片，引导幼儿细致观察，说出图片上动物的名称，发现和找出缺少的部分，如小狗的一只耳朵、小猪的尾巴等。

3. 教师展示准备好的动物特征卡片或图片，让幼儿识别并选择正确的部分补充到小动物身上。

4. 鼓励幼儿自己动手操作，将特征卡片粘贴到对应的图片上。

游戏延伸

教师提供的图片可以出现生活中常见物品的缺少或错误部分，如眼镜少了镜腿等，并让幼儿结合自己的生活经验进行补充绘画。

观察建议

1. 幼儿能发现并指出小动物图片上缺少的特征。

2. 幼儿能用简单的语言描述小动物的特征和缺失的部分。

游戏 25：交通工具大变身

1. 认识和了解不同种类的交通工具，如汽车、火车、飞机、轮船等，以及它们的基本特征和用途。

2. 模仿交通工具行驶的过程，锻炼幼儿的身体平衡能力和协调性。

游戏准备

1. 游戏材料：交通工具的图片或模型。

2. 游戏人数：10 人。

3. 游戏时长：5 分钟。

4. 游戏地点：集中区。

游戏方法

1. 教师在出示交通工具图片时，可以用夸张的表情和语调来吸引幼儿的注意力，并让他们感受到活动的乐趣。例如，当说到"小汽车开来了"时，教师可以做出兴奋的表情，并模仿汽车喇叭的声音，引导幼儿进入情境。

2. 在要求幼儿模仿开汽车的动作和声音之前，教师可以先做一个清晰、夸张的示范，这样可以帮助幼儿更准确地理解并模仿动作，同时增加活动的趣味性。

3. 在幼儿模仿动作的过程中，教师可以加入一些简单的互动问答，以检验他们的理解程度并增加互动性。例如，教师可以问："小汽车是怎么开的？你能给老师做一下吗？"或者"你听到了什么声音？是小汽车的喇叭声吗？"

游戏延伸

游戏结束后，与幼儿一起回顾并分类不同的交通工具，如水上交通工具（轮船）、陆地交通工具（汽车、火车）、空中交通工具（飞机）等。

观察建议

1. 幼儿能够准确识别并模仿不同交通工具的动作和声音。

2. 幼儿有一定的身体平衡和协调性。

游戏 26：猜猜我在做什么

游戏经验

1. 细心留意别人的表情、行为，猜想和理解其需求，并做出适当的回应。

2. 细心观察事物，初步理解事物的相关性并愿意进行联想。

游戏准备

1. 游戏材料：毛巾、杯子、毛巾、牙刷、梳子、勺子等。

2. 游戏人数：5~6 人。

3. 游戏时长：5 分钟。

4. 游戏地点：表演区。

游戏方法

1. 教师首先向幼儿介绍游戏名称和玩法，激发他们的兴趣。

2. 教师选择一个生活用品，如杯子，然后做出喝水的动作，同时问幼儿："猜猜我在做什么？"引导幼儿观察并猜测。

3. 邀请幼儿轮流上台，选择一个生活用品并模仿相应的动作，其他幼儿观察并猜测。

4. 鼓励幼儿用简单的语言描述观察到的动作，如"他在喝水""她在梳头发"等。

5. 不断更换生活用品和表演者，重复进行游戏，使每个幼儿都有机会参与和体验。

游戏延伸

教师可以做一些更复杂的或连续性的动作让幼儿进行游戏。

观察建议

1. 幼儿能准确观察并理解他人的动作。

2. 幼儿能用简单的语言准确描述观察到的动作。

游戏 27：身体游戏

游戏经验

1. 运用身体各部分参与游戏，加强身体的协调性。

2. 增进幼儿对身体各部位的认识和运用。

游戏准备

1. 游戏材料：欢快的背景音乐或儿歌。

2. 游戏人数：8~10 人。

3. 游戏时长：5~8 分钟。

4. 游戏地点：户外操场。

游戏方法

1. 播放轻快的音乐，引导幼儿跟随音乐节奏自由舞动身体，为接下来的游戏做准备。

2. 教师播放背景音乐，并开始发出指令，如"小朋友头碰头"。此时，幼儿需要迅速找到身边的伙伴，将头轻轻碰在一起。

3. 接着教师变换指令，如"小朋友手牵手""小朋友脚碰脚"等，幼儿需根据指令迅速调整身体姿势，完成相应的动作。

4. 教师可以根据幼儿的反应速度和游戏熟练程度，逐渐增加指令的复杂性和变化速度，以提高游戏的挑战性和趣味性。

游戏延伸

引入其他类似的身体游戏，如"123 木头人"。

观察建议

1. 幼儿能根据指令快速完成动作。

2. 幼儿身体具备一定的协调性。

游戏 28：什么不见了

游戏经验

1. 辨别并说出物品的名称。

2. 观察和记忆事物，锻炼思维的反应能力。

游戏准备

1. 游戏材料：不同种类的玩具 5 个，一块白布。

2. 游戏人数：3~5 人。

3. 游戏时长：5 分钟。

4. 游戏地点：益智区。

游戏方法

1. 教师出示 5 个玩具，让幼儿指认和记忆，然后用一块白布盖住玩具，拿走其中一个。

2. 教师揭开白布问："说一说，什么不见了？"

3. 游戏可以反复进行，玩具的种类可随幼儿的实际情况而定。

游戏延伸

随着幼儿年龄和能力的增长，增加玩具的数量和品种，或用幼儿不常玩的玩具或物品。

观察建议

1. 幼儿能发现不见的物体并准确说出名称。

2. 幼儿能够观察和记忆事物。

游戏 29：玩具分类

游戏经验

1. 观察和比较物体的外形特征，并能进行分类。

2. 动手操作锻炼手眼协调，培养思维能力。

游戏准备

1. 游戏材料：颜色、大小、质地、外形特征相同或不同的玩具。

2. 游戏人数：3~5 人。

3. 游戏时长：5 分钟。

4. 游戏地点：益智区。

游戏方法

1. 教师出示多种玩具，请幼儿说出玩具的名称。

2. 引导幼儿按颜色分类，如找出所有带红颜色的玩具，把它们放在一起。

3. 按大小、质地或者外形特征（如有轮子的玩具、毛绒玩具等）来分类。

游戏延伸

教师可允许幼儿按自己的意愿给玩具分类，通过观察他们对玩具的分类，了解幼儿的思维特征。

观察建议

1. 幼儿能够按照不同的标准对物体进行分类。

2. 幼儿理解分类的概念，能够区分不同玩具的特征。

游戏 30：拼图游戏

核心经验

1. 根据图片拼出完整图片，说出拼图内容。

2. 锻炼他们的手眼协调能力和精细动作技能。

游戏准备

1. 游戏材料：色彩鲜艳、颜色简单的拼图。

2. 游戏人数：2~4 人。

3. 游戏时长：5 分钟。

4. 游戏地点：操作区。

游戏方法

1. 向幼儿展示拼图，让他们观察拼图的图案和颜色，激发他们的兴趣和好奇心。

2. 教师可以先进行拼图示范，让幼儿了解拼图的基本步骤和技巧，如何找到边缘片、如何匹配形状等。

3. 鼓励幼儿自己动手尝试拼图，教师可以在一旁观察并给予适当的指导和帮助。对于初次接触拼图的幼儿，可以从最简单的几片开始，逐渐增加难度。

4. 当幼儿完成拼图后，请他们说出拼图内容。

游戏延伸

根据幼儿的兴趣和认知发展，可以选择不同主题的拼图，如动物、交通工具、水果蔬菜等，以丰富幼儿的知识面和认知能力。

观察建议

1. 幼儿能完成拼图。

2. 幼儿能持续投入并享受拼图过程。

游戏 31：颜色大小·对对配

游戏经验

1. 观察不同的物品，学习根据颜色、大小给物品进行配对。

2. 对颜色的敏感性，练习精细动作。

游戏准备

1. 游戏材料：各种不同颜色、大小的积木，球，玩具车等。

2. 游戏人数：2~3 人。

3. 游戏时长：5 分钟。

4. 游戏地点：操作区。

游戏方法

1. 教师将各种不同颜色、大小的木，球，玩具车混合在一起，问："小朋友们，这里的玩具乱成一团，怎么办？"

2. 引发幼儿主动帮助玩具找回自己"朋友"的欲望，鼓励孩子按照颜色和大小进行配对。

3. 先找出同一颜色，再找出同样大小的玩具。

游戏延伸

更换不同的材料进行，还可以慢慢增加不同材质的物品，让幼儿学会用筛选的方法来分类。

观察建议

1. 幼儿能认识并说出不同的颜色。

2. 幼儿能根据颜色和大小两个维度进行物品配对。

游戏 32：五官对对碰

游戏经验

1. 初步认识并说出五官的名称及其基本功能。

2. 增强幼儿对自我认知的兴趣，培养与同伴的友好关系。

游戏准备

1. 游戏材料：五官卡片、小镜子。

2. 游戏人数：2~4 人。

3. 游戏时长：5 分钟。

4. 游戏地点：益智区。

游戏方法

1. 播放欢快的背景音乐，教师出示五官图片，逐一介绍五官的名称和功能，引导幼儿重复。

2. 每位幼儿手持小镜子，观察自己的五官，并尝试说出它们的名称。

3. 教师说出五官的名称，幼儿迅速用手指向自己的相应部位。

4. 学习简单的儿歌，如《五官歌》："眼睛看妈妈，鼻子闻花香，耳朵听声音，嘴巴尝味道，眉毛弯弯笑哈哈。"

游戏延伸

鼓励家长与幼儿在家中进行类似的五官指认游戏，加深幼儿对五官的认知。

观察建议

1. 幼儿能准确说出五官的名称和功能。

2. 幼儿能迅速且准确地指认自己的五官。

游戏 33：生日派对

游戏经验

1.增强对生日概念的理解，认识生日的庆祝方式，以及与之相关的物品，如蛋糕、蜡烛、礼物等。

2.体验庆祝的快乐，培养积极的情感态度。

游戏准备

1.游戏材料：生日蛋糕、生日蜡烛、生日歌曲。

2.游戏人数：5~6人。

3.游戏时长：10分钟。

4.游戏地点：教室。

游戏方法

1.教师出示生日派对的图片或绘本，向幼儿介绍生日的概念和庆祝方式，激发他们的兴趣。

2.与幼儿一起用生日装饰布置教室，模拟生日派对的场景。

3.戴上生日帽，邀请本月小寿星，大家一起唱生日歌庆祝。

游戏延伸

在角色游戏区设置"生日派对"场景，让幼儿在游戏中继续扮演不同的角色，深化对生日派对的理解和体验。

观察建议

1.幼儿愿意与他人合作布置教室。

2.幼儿能理解生日的概念。

游戏 34： 小手小脚动一动

游戏经验

1. 帮助幼儿认识并初步了解自己的身体部位——小手和小脚以及基本功能。

2. 体验手脚的协调运动，增强身体控制能力。

游戏准备

1. 游戏材料：音乐。

2. 游戏人数：10 人。

3. 游戏时长：5~8 分钟。

4. 游戏地点：集中区。

游戏方法

1. 教师介绍小手和小脚的不同部位及其功能，教师提问幼儿指出自己身体相应的部位。

2. 教师说"小手拍拍"，幼儿迅速拍手；教师说"小手藏起来"，幼儿迅速将双手藏在背后。

3. 教师说"小脚踏踏"，幼儿迅速踏步；教师说"小脚停下来"，幼儿迅速停止踏步。

4. 教师播放音乐，幼儿跟随音乐的节奏进行手脚协调的动作，如拍手、踏步、挥手等。

游戏延伸

设计需要双手双脚配合的动作游戏，如"左手摸右耳，右脚跳一跳"等，进一步提高幼儿的身体协调性和灵活性。

观察建议

1. 幼儿能根据指令准确做出动作。

2. 幼儿大肌肉运动能力有所提高。

游戏 35: 手指游戏

游戏经验

1. 帮助幼儿认识并初步了解手指的名称和功能。

2. 锻炼幼儿的手部精细动作和小肌肉发展。

游戏准备

1. 游戏材料:儿歌、手偶、绘本。

2. 游戏人数:8~10 人。

3. 游戏时长:5~8 分钟。

4. 游戏地点:集中区。

游戏方法

1. 教师边念儿歌边做相应的手指动作,吸引幼儿的注意力。

2. 教师演唱《手指歌》:"大拇指是爸爸,爸爸开汽车;食指是妈妈,妈妈洗衣服……"幼儿跟随儿歌的节奏,做出相应的手指动作。

3. 教师带领幼儿进行手指舞蹈动作,如"小手拍拍,小手挥挥,小手转转"。

游戏延伸

通过手指故事《五只小猴荡秋千》,增强幼儿的语言理解和想象力。

观察建议

1. 幼儿手指动作的准确性和协调性有所提高。

2. 幼儿积极参与,享受游戏的乐趣。

游戏 36：十个手指头

1. 认识并记住十个手指头的名称，了解手指的基本功能。

2. 锻炼幼儿的手部精细动作和小肌肉发展。

游戏准备

1. 游戏材料：绘本、儿歌。

2. 游戏人数：8~10 人。

3. 游戏时长：5~8 分钟。

4. 游戏地点：集中区。

游戏方法

1. 教师出示自己的手，引导幼儿观察并说出每个手指的名称（大拇指、食指、中指、无名指、小指）。

2. 教师逐一指出手指并询问幼儿："这是什么手指？"鼓励幼儿大声回答。

3. 教师演唱《十个手指头》的儿歌："一个手指点点点，两个手指敲敲敲，三个手指捏捏捏……"。

4. 幼儿跟随儿歌的节奏做出相应的手指动作，如点点、敲敲、捏捏等。

5. 幼儿扮演不同的手指兄弟，进行角色扮演游戏，如大拇指是大哥，小指是最小的弟弟等。

游戏延伸

通过手指故事，如《五个小手指去旅行》，培养幼儿的想象力和语言表达能力。

观察建议

1. 幼儿能准确说出十个手指头的名称。

2. 幼儿手指的灵活性和协调性得到提升。

运动与健康

发展目标

- 设置更具挑战性的体能活动，如攀爬架、平衡木等，提高幼儿的身体素质和勇气，养成良好的运动习惯。
- 练习用勺子自主进食，学会自己穿衣、脱鞋，提高生活自理能力，培养良好的个人卫生习惯。

游戏 1：拍皮球

游戏经验

1. 初步了解皮球的外形特征（圆形、光滑）、弹性和滚动性。

2. 发展幼儿的手眼协调能力、手臂力量和平衡能力。

游戏准备

1. 游戏材料：大皮球 1 个。

2. 游戏人数：5~6 人。

3. 游戏时长：8~10 分钟。

4. 游戏地点：户外草坪。

游戏方法

1. 教师引导幼儿观察并说出皮球的形状、颜色和触感。

2. 每人一个皮球，让幼儿自由触摸、滚动，感受皮球的弹性和滚动性。

3. 教师和幼儿一起玩拍球的游戏，引导幼儿观察球是怎样活动的？

4. 教师示范，并尝试让幼儿模仿观察拍球的动作，并自主练习。

游戏延伸

鼓励家长利用业余时间与孩子一起玩皮球，加深孩子对皮球的认识和兴趣。

观察建议

1. 幼儿拍球时具有协调性、稳定性。

2. 幼儿对拍皮球感兴趣，积极参与。

游戏 2：光脚丫

游戏经验

1. 体验光脚丫在不同材质上的触感差异，如草地、沙子、地砖等，增强幼儿对身体的感知和触觉的认识。

2. 感受光脚丫游戏带来的乐趣，增强对户外活动的兴趣。

游戏准备

1. 游戏材料：软垫。

2. 游戏人数：8~10 人。

3. 游戏时长：10 分钟。

4. 游戏地点：户外（草坪、沙池）。

游戏方法

1. 教师向幼儿介绍光脚丫游戏的规则和玩法，强调安全注意事项，如不要踩到尖锐物品、不要跑得太快以免摔倒等。

2. 将幼儿分成若干小组，每组幼儿依次进行光脚丫游戏。可以在不同材质的地面区域设置不同的游戏任务，如"走迷宫"（在地砖上设置障碍物）、"寻宝"（在沙地里寻找隐藏的小玩具）等。

3. 教师在游戏过程中观察幼儿的表现，及时给予指导和帮助。

游戏延伸

可以将光脚丫游戏与其他活动相结合，如音乐游戏、体育游戏等，增加游戏的趣味性和多样性。

观察建议

1. 幼儿能在不同材质的地面上行走和站立，具有一定的平衡感和协调性。

2. 幼儿在游戏中具备基本的安全意识和自我保护能力，如避免踩到尖锐物品、注意行走速度等。

游戏 3：猫捉老鼠

游戏经验

1. 练习跑、跳、爬等基本运动技能，提高身体的协调性和灵活性。

2. 增强想象力和角色扮演能力，体验不同角色的乐趣。

游戏准备

1. 游戏材料：小猫、老鼠头饰，呼啦圈，铃铛。

2. 游戏人数：5~10 人。

3. 游戏时长：8~10 分钟。

4. 游戏地点：户外的空地。

游戏方法

1. 教师扮演小猫，幼儿扮演小老鼠。

2. 教师播放音乐，小老鼠自由跑动，小猫在一旁巡逻，寻找捕捉小老鼠的机会。

3. 当小猫接近小老鼠时摇动铃铛，小老鼠听到后迅速躲进"老鼠洞"（呼啦圈）。

4. 如果小猫成功捉到小老鼠，则交换头饰，继续游戏。

5. 通过互相追逐的形式，帮助幼儿学习躲闪的动作，游戏反复进行。

游戏延伸

教师可以和幼儿对换角色，让他们追老师，以增加幼儿对游戏的兴趣。

观察建议

1. 幼儿掌握基本的跑、跳、爬等基本运动技能。

2. 幼儿能够遵守游戏规则。

游戏 4：好玩的球

游戏经验

1. 练习接球、滚球等动作技能，锻炼身体的协调性。

2. 学习"接、滚"等动词，喜欢与同伴游戏。

游戏准备

1. 游戏材料：皮球若干。

2. 游戏人数：8~10 人。

3. 游戏时长：10 分钟。

4. 游戏地点：操场。

游戏方法

1. 播放欢快的音乐，教师带领幼儿做简单的热身运动，防止运动过程中受到伤害。

2. 教师用力滚球，鼓励幼儿与球赛跑，并把皮球捡回来交给教师。

3. 教师将球滚到幼儿面前，引导幼儿看清楚皮球的滚动方向，并接住滚到面前的球。

4. 在游戏过程中，帮助幼儿通过做动作理解和学习词汇。

5. 当幼儿熟悉游戏后，可将滚球的距离拉远些，以增加难度。

6. 鼓励幼儿尝试用不同方式玩球，如抛球、拍球等。

7. 结束后教师带领幼儿做放松运动，如深呼吸、慢动作拉伸等。

游戏延伸

鼓励家长与幼儿一起在家中玩球类游戏，如亲子传球、家庭足球赛等，增进亲子关系。

观察建议

1. 幼儿能灵活运用各种动作。

2. 幼儿在活动中保持积极、愉悦的状态。

游戏 5：踢足球

游戏经验

1. 初步掌握用脚踢球的技能，锻炼幼儿的下肢力量和身体协调性。

2. 初步了解足球的形状、大小以及基本玩法，激发对体育活动的兴趣。

游戏准备

1. 游戏材料：小足球若干个。

2. 游戏人数：8~10 人。

3. 游戏时长：10 分钟。

4. 游戏地点：户外草坪。

游戏方法

1. 播放轻快的音乐，教师带领幼儿进行简单的下肢热身运动，如踢腿、踏步等，为接下来的活动做准备。

2. 教师出示足球，引导幼儿观察足球的形状、颜色，并简单介绍足球的基本玩法。

3. 幼儿站在指定位置，尝试用脚轻轻踢球，感受踢球的动作和力度，让幼儿自由地感知球的性能。

4. 教师引导幼儿观察球，问："球为什么会滚动？"让幼儿知道球是圆圆的，圆形的物体都会滚。

游戏延伸

设计简单的足球游戏，如"小猪回家"（幼儿扮演小猪，用脚将球踢回"家"中）、"足球小司机"（幼儿用脚控制球前进，模拟开车）等，增加游戏的趣味性和挑战性。

观察建议

1. 幼儿踢球的动作是否协调。

2. 幼儿能控制踢球的方向和力度。

游戏 6：袋鼠跳

游戏经验

1. 模仿袋鼠跳跃，提高身体协调性和平衡能力。

2. 练习双脚离地跳跃，增强腿部肌肉力量。

游戏准备

1. 游戏材料：袋鼠跳布袋、软垫。

2. 游戏人数：8~10 人。

3. 游戏时长：8 分钟。

4. 游戏地点：操场。

游戏方法

1. 教师带领幼儿进行简单的热身运动，如摇头、摆手、踢腿等，同时播放欢快的音乐，激发幼儿的活动热情。

2. 教师示范袋鼠跳的动作，引导幼儿观察并模仿。提醒幼儿注意跳跃时的安全，避免摔倒。

3. 幼儿将双脚放入布袋中，双手提起布袋边缘，模仿袋鼠跳跃。

4. 在场地设置一条"小河"（可以用软垫或地垫模拟），两侧放置标志物作为起点和终点。

5. 播放舒缓的音乐，教师带领幼儿进行简单的放松运动，如深呼吸、伸展四肢等。

游戏延伸

引导幼儿发挥想象力，设计不同的袋鼠跳游戏场景和规则，如"袋鼠寻宝""袋鼠运动会"等。

观察建议

1. 幼儿袋鼠跳动作规范、协调。

2. 幼儿积极参与，享受游戏的乐趣。

游戏 7：乌龟爬

游戏经验

1. 练习手脚着地屈膝爬行，增强四肢力量与协调。

2. 感受游戏的快乐，增强对体育活动的兴趣。

游戏准备

1. 游戏材料：泡沫垫、椅子、乌龟玩偶。

2. 游戏人数：5~8 人。

3. 游戏时长：10 分钟。

4. 游戏地点：户外草坪。

游戏方法

1. 播放轻快的音乐，教师带领幼儿做简单的热身运动，如点头、伸臂、踢腿等，为接下来的爬行做准备。

2. 教师展示小乌龟玩偶，介绍乌龟的特性，示范乌龟爬行的姿势请幼儿模仿。

3. 幼儿模仿乌龟，手脚着地屈膝爬行，教师在一旁指导，确保姿势正确。

4. 在地上铺泡沫垫，设置小椅子作为障碍物，幼儿分组爬行，先爬过泡沫垫，再爬过小椅子，最后到达终点。

5. 游戏结束后，引导幼儿分享爬行的感受，讨论哪种方法更快速、更舒适。

6. 教师总结爬行技巧，鼓励幼儿多尝试不同的爬行方法。

游戏延伸

可以尝试将爬行与其他动作结合，如爬行后跳跃、钻洞等，增加游戏的多样性和趣味性。

观察建议

1. 幼儿能正确掌握手脚着地屈膝爬行的姿势。

2. 幼儿在爬行过程中动作协调、灵活。

游戏 8：钻山洞

游戏经验

1.练习钻、弯腰走路的动作，发展四肢协调性。

2.勇于尝试，有克服困难的勇气。

游戏准备

1.游戏材料：山洞。

2.游戏人数：15~20 人。

3.游戏时长：8~10 分钟。

4.游戏地点：户外草坪。

游戏方法

1.教师引导幼儿观察"山洞"，告诉幼儿钻洞时必需低头或侧身才能通过。

2.教师示范如何钻过山洞，强调安全注意事项，如不要推挤、保持平衡等。

3.当音乐响起时，幼儿依次钻过山洞，教师在一旁鼓励和引导。

4.让幼儿排队进行，可通过自己的方式，从洞里成功钻出来。

5.鼓励幼儿尝试不同的钻洞方式，如弯腰、侧身等。

游戏延伸

在钻山洞的基础上，增加角色扮演，如"小兔子找食物""小老鼠搬家"等故事情节。

观察建议

1.幼儿钻山洞时身体平衡，动作协调流畅。

2.幼儿愿意尝试并能克服困难。

游戏 9：双脚跳

游戏经验

1.能够锻炼下肢力量，提高身体的协调性和平衡能力。

2.大胆、勇敢地练习，培养勇敢精神和自信心。

游戏准备

1.游戏材料：障碍物、萝卜筐、萝卜道具、栏杆。

2.游戏人数：8~10人。

3.游戏时长：10分钟。

4.游戏地点：户外空地。

游戏方法

1.教师带领幼儿做一些简单的热身运动，如跑步、原地跳跃等动作，以活跃幼儿的身体。

2.在欢快的音乐伴奏下，幼儿边念儿歌边做动作，如"小兔子，蹦蹦跳，向前跳，向后跳，蹲下来，采蘑菇，站起来，真呀真高兴"。

3.教师设置游戏情境："今天小朋友们会变成小兔子，来帮助兔妈妈一起将萝卜送回家哦！"引导幼儿跳过障碍物，并将萝卜放到筐里。

4.教师示范正确的双脚跳动作，引导幼儿观察并模仿。强调起跳时双膝微曲，双脚用力蹬地，同时手臂自然摆动，保持身体平衡。

游戏延伸

逐渐增加栏杆的高度和间距，提高跳跃的难度，激发幼儿的挑战欲望。

观察建议

1.幼儿能保持身体平衡，动作协调。

2.幼儿积极参与游戏，愿意尝试和挑战。

游戏 10：扔沙包

游戏经验

1. 练习举手过肩抛物的投掷动作。

2. 锻炼幼儿的手部控制能力和视觉追踪能力。

游戏准备

1. 游戏材料：沙包、呼啦圈。

2. 游戏人数：8~10 人。

3. 游戏时长：10 分钟。

4. 游戏地点：户外空地。

游戏方法

1. 教师带领幼儿做一些简单的肢体运动，如伸伸臂、弯弯腰、踢踢腿等，为游戏做好准备。

2. 让幼儿自由地玩弄沙包，鼓励幼儿想出各种游戏的方法。

3. 教师以猎人保护小动物的情景引入游戏，说："小朋友们，今天有重要的任务，大灰狼会吃小动物，我们要保护小动物，就要练本领。"

4. 教师先示范如何正确扔沙包：将沙包拿在手里，胳膊曲肘上举用力向前甩出，同时强调安全注意事项，如不要向人扔沙包、保持适当的距离等。

5. 练习熟练后，教师在一定范围内设置大灰狼活动区（呼啦圈），鼓励幼儿用力将沙包投掷出去打大灰狼。

6. 游戏结束后，带领幼儿做一些放松运动，如深呼吸、轻轻拍打手臂等，帮助他们恢复体力。

游戏延伸

用小球练习投掷。

观察建议

1. 幼儿能准确控制手部和眼部的协调动作。

2. 幼儿用力得当，能逐渐增加扔沙包的力度和距离。

游戏 11：小熊过桥

游戏经验

1. 锻炼身体平衡能力。
2. 理解并执行简单的指令。

游戏准备

1. 游戏材料：平衡木、软垫、小椅子。
2. 游戏人数：3~5 人。
3. 游戏时长：5 分钟。
4. 游戏地点：操场。

游戏方法

1. 教师带领幼儿做简单的热身操，如点头、摇头、摆手、踢腿等，活动全身关节。

2. 教师介绍游戏内容："小熊们要去看望河对岸的朋友，需要走过一座小桥（平衡木）。"

3. 教师示范如何走过平衡木，强调眼睛看前方、双臂侧平举等要点。

4. 幼儿一个接一个地尝试走过平衡木，教师在旁观察并给予鼓励和指导。

5. 游戏结束后，教师带领幼儿在软垫上做放松运动，如深呼吸、轻轻拍打身体等。

游戏延伸

鼓励幼儿在平衡木上尝试不同的动作，如叉腰走、上举走、侧平举走等，增加游戏的趣味性和挑战性。

观察建议

1. 幼儿能保持身体平衡。
2. 幼儿走平衡木时手臂、腿部等动作协调。

游戏 12：推小车

游戏经验

1. 锻炼手眼协调能力和平衡感。

2. 愿意与同伴游戏，体验运动的乐趣。

游戏准备

1. 游戏材料：小推车、停车场标志。

2. 游戏人数：4~5 人。

3. 游戏时长：8 分钟。

4. 游戏地点：操场。

游戏方法

1. 教师和幼儿跟随音乐《小司机》做律动，模仿开车、推车的动作，进入运动状态。

2. 教师示范推车，边推边念儿歌："手握一辆小推车，推着小车向前行，慢慢走慢慢推，小车稳稳向前进。"

3. 分给幼儿每人一张卡片，帮助幼儿找到与自己图案相同的小朋友。

4. 请幼儿扮演"小司机"，将小推车推到配置好的"停车场"。

5. 游戏结束后，跟随教师做伸臂、抖动、转圈等放松活动。

游戏延伸

在"停车场"区域设置更多的颜色标记，让幼儿在推小车的同时进行颜色分类，提升认知能力。

观察建议

1. 幼儿动作协调，能够推车稳步前进。

2. 幼儿积极参与活动，愿意与同伴游戏。

游戏 13：跳房子

1. 巩固并加强双脚跳跃能力。

2. 培养幼儿的规则意识，学会等待、轮流和遵守规则。

游戏准备

1. 游戏材料：跳房子图形、沙包。

2. 游戏人数：3~5 人。

3. 游戏时长：5 分钟。

4. 游戏地点：操场。

游戏方法

1. 教师带领幼儿做简单的热身运动，如头部转动、手臂摆动、腿部踢腿等，确保身体各部位得到活动。

2. 向幼儿介绍"跳房子"的游戏规则和玩法，用简单易懂的语言说明如何投掷沙包、如何双脚跳入格子。

3. 幼儿站在起点，将沙包投掷到第一个格子内，然后单脚或双脚跳入该格子，捡起沙包后再投掷到下一个格子，依次进行。

4. 结束后教师带领幼儿进行放松运动。

游戏延伸

将音乐融入游戏，播放欢快的音乐，让幼儿在音乐声中跳跃，增强游戏的节奏感。

观察建议

1. 幼儿能完成双脚跳的动作。

2. 幼儿能遵守规则。

游戏 14：小球滚滚乐

游戏经验

1. 增强幼儿的平衡能力和上肢力量。

2. 锻炼幼儿的精细动作和大肌肉运动。

游戏准备

1. 游戏材料：彩色小球、障碍物、收纳筐。

2. 游戏人数：3~5 人。

3. 游戏时长：8 分钟。

4. 游戏地点：操场。

游戏方法

1. 播放轻快的音乐，营造愉悦的游戏氛围，进行简单的热身运动。

2. 教师将小球和障碍物摆放在活动区域，并简单介绍游戏玩法和规则。

3. 引导幼儿观察小球，鼓励他们触摸、感受小球的特点。

4. 教师示范如何滚动小球，让幼儿模仿并尝试自己滚动小球。

5. 设置游戏路径，如"小球过隧道""小球爬山坡"等，引导幼儿按照路径滚动小球。

游戏延伸

可以设置不同的滚动目标，如将小球滚入指定的容器内或击中远处的目标。

观察建议

1. 幼儿滚动小球时具有准确性和稳定性。

2. 幼儿愿意尝试和探索不同的滚动方式和路径。

游戏 15：上楼梯

游戏经验

1. 锻炼幼儿的下肢肌肉，提升身体控制能力。

2. 理解空间的高度和深度，增强空间感知能力。

游戏准备

1. 游戏材料：安全楼梯。

2. 游戏人数：5~6 人。

3. 游戏时长：5 分钟。

4. 游戏地点：楼梯间。

游戏方法

1. 活动开始前，教师仔细检查楼梯的安全性，确保扶手稳固、台阶无杂物且防滑。

2. 教师先示范如何正确上楼梯，强调手扶扶手、脚踏稳台阶的重要性，并提醒幼儿注意安全。

3. 在幼儿上楼梯的过程中，给予鼓励和表扬，增强他们的自信心和积极性。

游戏延伸

随着幼儿能力的提高，可以适当增加楼梯的层数或设置一些简单的障碍（如小台阶、软垫等），增加游戏的挑战性。

观察建议

1. 幼儿上楼梯能保持身体稳定，不摇晃或跌倒。

2. 幼儿能展现腿部肌肉的力量和耐力。

游戏 16：抛接球

游戏经验

1. 锻炼抛接球动作，培养快速反应的能力。

2. 享受运动的乐趣，激发对运动的兴趣。

游戏准备

1. 游戏材料：皮球。

2. 游戏人数：5~6 人。

3. 游戏时长：8 分钟。

4. 游戏地点：操场。

游戏方法

1. 播放欢快的音乐，教师带领幼儿做简单的热身操，活动全身关节。

2. 教师示范抛接球的动作，然后鼓励幼儿尝试接住抛来的球。

3. 随着幼儿逐渐掌握技巧，可以逐渐增加抛球的高度和速度，以及抛球的方向变化（如左右抛、前后抛等），以挑战幼儿的反应能力和手眼协调能力。

4. 鼓励幼儿与同伴互动，如轮流抛接球，增进同伴间交流。

5. 结束后教师带领幼儿进行简单的放松运动，如深呼吸、手臂放松等，缓解肌肉紧张。

游戏延伸

在场地上设置简单的目标（如篮子、盒子等），让幼儿尝试将球抛入目标中，以提高游戏的精确度和挑战性。

观察建议

1. 幼儿能够准确接住抛来的球。

2. 幼儿接球的反应速度快。

游戏 17：快乐传球

游戏经验

1. 锻炼幼儿的手部肌肉，提高身体协调性。

2. 增加幼儿的身体活动量，促进身体健康。

游戏准备

1. 游戏材料：皮球。

2. 游戏人数：5~8 人。

3. 游戏时长：10 分钟。

4. 游戏地点：操场。

游戏方法

1. 教师带幼儿进行简单的热身运动，如手腕转动、手臂摆动、腿部拉伸等，为游戏做准备。

2. 教师向幼儿简单介绍游戏规则，即幼儿们需要站成一排或围成一圈，依次将球传递给下一位幼儿，不能用手接住球后再传，而是要用身体的其他部位（如头、肩膀、膝盖等）触碰球后传递给下一位。

3. 随着幼儿逐渐掌握技巧，可以增加传球的速度和难度，提高游戏的挑战性和趣味性。

4. 结束后教师带领幼儿进行简单的放松运动，如深呼吸、手臂放松等，缓解肌肉紧张。

游戏延伸

设置一些简单的障碍，让幼儿在传球过程中需要绕过或跳过障碍，提高游戏的挑战性和身体活动量。

观察建议

1. 幼儿能够准确控制球并顺利传递给下一位同伴。

2. 幼儿注意力集中，反应速度较快。

游戏 18：欢乐彩虹伞

游戏经验

1. 锻炼幼儿的大肌肉力量，提高身体的协调性和灵活性。

2. 享受运动的乐趣，促进身心健康发展。

游戏准备

1. 游戏材料：彩虹伞。

2. 游戏人数：8~10 人。

3. 游戏时长：10 分钟。

4. 游戏地点：操场。

游戏方法

1. 教师带领幼儿进行简单的热身运动，如手臂摆动、腿部拉伸等，为游戏做准备。

2. 教师与幼儿一起手持伞边，随着音乐的节奏上下抖动彩虹伞，形成波浪效果，让幼儿感受波浪的起伏。

3. 将彩虹伞平铺在地面上，形成一条隧道，幼儿排队从隧道中爬过，体验穿越的乐趣。

4. 播放不同风格的音乐，引导幼儿在彩虹伞下进行音乐律动，如摇摆、跳跃等，培养节奏感和音乐感。

5. 教师带领幼儿进行简单的放松运动，如深呼吸、手臂放松等，缓解肌肉紧张。

游戏延伸

将彩虹伞放在地上，部分幼儿站在伞下，其他幼儿在伞外寻找机会进入伞下，同时避免被伞下的幼儿抓住。

观察建议

1. 幼儿身体协调，动作灵活。

2. 幼儿情绪积极，积极参与。

游戏 19：滑滑梯

游戏经验

1.学习攀爬和下滑的动作，锻炼幼儿身体的协调性和平衡能力。

2.学习耐心等待，与同伴友好相处。

游戏准备

1.游戏材料：安全滑梯。

2.游戏人数：5~6人。

3.游戏时长：10分钟。

4.游戏地点：大型滑梯。

游戏方法

1.教师向幼儿简单介绍滑梯的玩法和注意事项，如排队等待、手握扶手等。

2.教师示范如何安全地攀爬滑梯和下滑，让幼儿观察并模仿。

3.鼓励幼儿尝试攀爬滑梯，在教师的帮助下往下滑。

4.当幼儿逐渐掌握技巧后，可让他们自主进行游戏，同时提醒他们保持安全，如手握扶手、不要推搡同伴等。

5.引导幼儿排队等待滑梯，培养他们的耐心和秩序感。

游戏延伸

设置一些目标，让幼儿利用纸球练习投远、投准。

观察建议

1.幼儿滑滑梯时动作协调、平衡能力良好。

2.幼儿懂得轮流、耐心等待，与同伴友好相处。

游戏 20：跷跷板

游戏经验

1. 感受跷跷板的上下起伏，促进腿部和核心肌群的发育。

2. 享受运动的乐趣，促进身心健康发展。

游戏准备

1. 游戏材料：跷跷板。

2. 游戏人数：2~4 人。

3. 游戏时长：5 分钟。

4. 游戏地点：户外。

游戏方法

1. 选择合适的跷跷板，确保跷跷板适合幼儿年龄和身高，易于上下。

2. 教师向幼儿简单介绍跷跷板的玩法和注意事项，如轮流玩耍、不要用力过猛等。

3. 教师示范如何安全地坐在跷跷板上，并展示跷跷板的上下起伏动作。

4. 幼儿尝试坐在跷跷板上，感受跷跷板的运动。

5. 鼓励幼儿轮流坐在跷跷板上，培养轮流意识和耐心。

游戏延伸

利用跷跷板作为教具，进行简单的物理小实验，如观察不同重量对跷跷板起伏的影响，激发幼儿对物理现象的兴趣。

观察建议

1. 幼儿能稳定地坐在跷跷板上并控制其起伏。

2. 幼儿腿部和核心肌群发育良好。

游戏 21：我爱运动

1. 激发幼儿对运动的兴趣和热爱。
2. 认识运动有益身体健康。

游戏准备

1. 游戏材料：球、呼啦圈等器械。
2. 游戏人数：5~8 人。
3. 游戏时长：10 分钟。
4. 游戏地点：操场。

游戏方法

1. 播放音乐，教师带领幼儿热身，体验身体各部位的运动。
2. 探索有趣的运动，体验运动的快乐，让幼儿知道运动使人健康。
3. 鼓励幼儿表达自己最喜欢的运动。
4. 结束后播放《健康歌》进行放松活动。

游戏延伸

鼓励家长与幼儿一起制定家庭运动计划，每天进行一定的运动，如散步、跑步、做操等，增进亲子关系。

观察建议

1. 幼儿能跟随音乐做出对应的动作。
2. 幼儿能认识到运动有益身体健康。

游戏 22：打保龄球

游戏经验

1. 练习保龄球的动作，增强幼儿手臂肌肉的爆发力和控制力。

2. 培养轮流等待的习惯，感受游戏的乐趣。

游戏准备

1. 游戏材料：保龄球、瓶子、标志线。

2. 游戏人数：2~3 人。

3. 游戏时长：8~10 分钟。

4. 游戏地点：操场。

游戏方法

1. 教师向幼儿介绍游戏名称和规则，解释打保龄球的基本动作和要领。

2. 引导幼儿排好队，站在起点线上等待。

3. 教师示范如何正确拿起保龄球、站立姿势、手臂摆动和击球动作。

4. 每位幼儿轮流上前，站在起点线上拿起保龄球进行击球。

5. 游戏结束后，教师引导幼儿分享自己的击球体验和感受。

游戏延伸

增加或减少瓶子的数量、调整瓶子的摆放位置或改变击球的距离，以增加游戏的挑战性和趣味性。

观察建议

1. 幼儿能掌握正确打保龄球的姿势。

2. 幼儿能准确控制打保龄球的力度和方向。

游戏 23：请你跟我这样做

游戏经验

1. 模仿动作，发展身体协调性和灵活性。

2. 学习听指令并迅速作出反应，提高听说能力和注意力。

游戏准备

1. 游戏材料：拍手、拍腿、跺脚、单脚跳、下蹲等基本动作图卡。

2. 游戏人数：3~5 人。

3. 游戏时长：5 分钟。

4. 游戏地点：户外。

游戏方法

1. 教师介绍游戏名称《请你跟我这样做》，并展示图卡，让幼儿了解将要模仿的动作。

2. 教师与一名幼儿示范游戏，用"请你跟我 XXX，我就跟你 XXX"的句式进行对话，并做出相应的动作。

3. 教师喊出口令，如"请你跟我拍拍手"，幼儿回应"我就跟你拍拍手"，并模仿教师做动作。

游戏延伸

逐渐增加动作难度，如小鸟飞、大象走、小兔跳等，保持幼儿的兴趣和挑战性。

观察建议

1. 幼儿能够准确模仿动作。

2. 幼儿能够集中注意力听指令并迅速作出反应。

游戏 24：躲猫猫

游戏经验

1. 通过跑、跳、爬等动作，促进幼儿大肌肉群的发育。

2. 在寻找与躲藏的过程中，锻炼幼儿的反应速度和敏捷性。

游戏准备

1. 游戏材料：障碍物（桌子、椅子、大型玩具等）。

2. 游戏人数：5~8 人。

3. 游戏时长：5~8 分钟。

4. 游戏地点：户外。

游戏方法

1. 教师首先向幼儿介绍游戏规则，教师作为"寻找者"，幼儿作为"躲藏者"。"躲藏者"在音乐响起时开始寻找合适的地方躲藏，可以利用提供的遮挡物或自然地形。

2. "寻找者"在音乐停止后开始寻找"躲藏者"，找到后需轻拍其肩膀或说"找到了"作为标记。

3. 被找到的"躲藏者"可以加入"寻找者"的队伍，一起继续寻找其他未找到的"躲藏者"。

游戏延伸

鼓励幼儿根据自己的想象进行角色扮演，如假装成小动物、超级英雄等，增加游戏的趣味性和创造性。

观察建议

1. 幼儿跑、跳、爬等动作协调，大肌肉群得到充分锻炼。

2. 幼儿动作敏捷，反应速度快。

游戏 25：开火车

游戏经验

1. 模仿开火车的动作，如行走、转弯、加速等，锻炼幼儿的大肌肉群和协调性。

2. 体验游戏的乐趣，培养合作意识。

游戏准备

1. 游戏材料：障碍物（小椅子、垫子）。

2. 游戏人数：5~8 人。

3. 游戏时长：5 分钟。

4. 游戏地点：操场。

游戏方法

1. 教师向幼儿介绍游戏内容和规则，并分配角色（每位幼儿都是火车的一节车厢）。

2. 在音乐声中，"火车"开始前进，教师带领幼儿沿着设定的路线行走，包括直线、弯道和绕过障碍物。

3. 教师可以不时发出指令，如"加速前进""减速慢行""紧急刹车"等，让幼儿根据指令做出相应的动作。

游戏延伸

变换火车的长度（增减车厢数量）、速度或路线。

观察建议

1. 幼儿能相互协作，保持队形不变。

2. 幼儿享受与同伴游戏的乐趣。

游戏 26：过马路

游戏经验

1. 了解基本的交通安全知识，知道红灯停、绿灯行的交通规则。

2. 模拟过马路的游戏，锻炼走、跑、停等动作技能。

游戏准备

1. 游戏材料：红绿灯、斑马线照片。

2. 游戏人数：5~8 人。

3. 游戏时长：5 分钟。

4. 游戏地点：户外。

游戏方法

1. 教师播放交通声音（如车辆行驶声、喇叭声）的录音，引起幼儿的兴趣。

2. 通过提问引导幼儿讨论："这是什么声音？我们在马路上会看到什么？"

3. 展示红绿灯图片，解释红、黄、绿灯的含义和交通规则。

4. 展示斑马线图片，讨论斑马线的作用和过马路时应注意的事项。

5. 教师带领幼儿来到幼儿园外的马路上，真实体验过马路。

6. 教师引导幼儿观察模拟的马路环境，确认安全后通过。

游戏延伸

学习交通安全儿歌，如"红灯停、绿灯行，交通规则要记清"，通过儿歌加深对交通规则的记忆。

观察建议

1. 幼儿能正确理解和遵守红绿灯的指示。

2. 幼儿在游戏中的走、跑、停等动作是否协调、流畅。

游戏 27：认识医生

游戏经验

1. 了解医生的职业特点和工作内容，知道医生是帮助我们保持健康的人。

2. 引导幼儿了解基本的健康习惯。

游戏准备

1. 游戏材料：医生制服与道具。

2. 游戏人数：2~4 人。

3. 游戏时长：5 分钟。

4. 游戏地点：表演区。

游戏方法

1. 教师通过图片或绘本向幼儿介绍医生的职业特点和工作内容，展示医生服饰和医疗器材，让幼儿对医生有初步的认识。

2. 创设游戏情境，让幼儿体验医生的角色，给病人问诊与治疗。

游戏延伸

组织幼儿参观真实的医院，让幼儿更直观地了解医生的工作环境和职责。

观察建议

1. 幼儿能准确理解并扮演医生的角色。

2. 幼儿健康意识得到加强。

游戏 28：认识警察

游戏经验

1. 了解警察的职业特点和社会角色，知道警察是保护大家安全的人。

2. 培养幼儿的安全意识。

游戏准备

1. 游戏材料：警察制服、帽子等服饰，警车。

2. 游戏人数：2~3 人。

3. 游戏时长：5 分钟。

4. 游戏地点：表演区。

游戏方法

1. 教师向幼儿介绍警察的职业特点和社会角色，展示警察服饰，并让幼儿试穿，感受警察的威严与责任。

2. 幼儿轮流扮演警察，体验警察的工作。

3. 教师分配任务让幼儿完成，如巡逻、帮助别人、维持秩序等。

游戏延伸

组织幼儿参观真实的警察局，让幼儿更直观地了解警察的工作环境和职责。

观察建议

1. 幼儿能准确理解并扮演警察的角色。

2. 幼儿能在日常生活中注意自身安全。

游戏 29：认识消防员

游戏经验

1. 了解消防员的职业特点和社会重要性，知道消防员是保护大家安全、灭火救人的英雄。

2. 培养幼儿对消防员的尊重和感激之情，增强安全意识。

游戏准备

1. 游戏材料：消防员制服、帽子等服饰，消防车玩具，灭火车道具。

2. 游戏人数：2~4 人。

3. 游戏时长：5 分钟。

4. 游戏地点：表演区。

游戏方法

1. 教师通过安全教育图片，向幼儿介绍消防员的职业特点、工作内容以及火灾的危害和预防措施。

2. 幼儿试穿消防员服饰，感受消防员的英勇形象。

3. 幼儿扮演消防员，创设游戏场景，模拟救援。

游戏延伸

结合社区或幼儿园的消防安全日活动，组织幼儿参与实际的消防演练和体验活动。

观察建议

1. 幼儿能准确理解并扮演消防员的角色。

2. 幼儿安全意识得到增强。

游戏 30：认识急救电话

游戏经验

1. 认识并记住急救电话的号码，了解重要性。

2. 培养幼儿对紧急情况的应对意识，增强自我保护能力。

游戏准备

1. 游戏材料：急救电话卡片、电话、急救场景的图片。

2. 游戏人数：2~4 人。

3. 游戏时长：5 分钟。

4. 游戏地点：娃娃家。

游戏方法

1. 教师通过展示急救场景的图片，引导幼儿了解什么是紧急情况，以及在这些情况下需要寻求帮助。

2. 教师出示急救电话卡片，向幼儿介绍急救电话的号码和用途，强调其在紧急情况下的重要性。

3. 幼儿根据急救场景图片，模拟拨打急救电话，说出自己的位置、遇到的问题以及需要什么样的帮助。

游戏延伸

组织幼儿参与社区的急救知识宣传活动，进一步加深他们对急救电话和急救知识的认识。

观察建议

1. 幼儿能准确记住急救电话号码。

2. 幼儿有对紧急情况的初步应对意识。

游戏 31：小动物做运动

游戏经验

1.通过模仿小动物的动作，促进幼儿走、跑、跳、爬等基本运动技能的发展。

2.激发幼儿对运动的兴趣，提高参与体育活动的积极性。

游戏准备

1.游戏材料：小动物头饰。

2.游戏人数：3~5 人。

3.游戏时长：5 分钟。

4.游戏地点：操场。

游戏方法

1.教师引导幼儿模仿小动物的动作进行热身，如兔子跳、小猫走、小狗跑等。

2.教师介绍每种动物特有的运动方式，如兔子跳（双脚连续跳跃）、小猫走（踮脚尖轻轻走）、小狗跑（快速跑动）、小青蛙跳（双脚并拢跳远）等，幼儿分组模仿。

3.设置不同的运动挑战，如"小兔子过河"（跳跃过绳子）、"小青蛙找家"（跳过障碍物到达终点）等，幼儿依次进行挑战。

4.游戏结束后播放轻柔的音乐，引导幼儿进行深呼吸、慢动作等放松活动。

游戏延伸

鼓励家长与幼儿一起在家中举办"家庭小动物运动会"，模仿更多动物的运动方式，增进亲子关系。

观察建议

1.幼儿模仿动物运动时的动作是否准确、流畅。

2.幼儿身体平衡，动作灵活。

游戏 32：爱护牙齿

游戏经验

1. 认识牙齿的基本结构和功能，理解保护牙齿的重要性。

2. 培养良好的口腔卫生习惯。

游戏准备

1. 游戏材料：牙齿模型、牙刷、头饰。

2. 游戏人数：15 人。

3. 游戏时长：5 分钟。

4. 游戏地点：室内。

游戏方法

1. 教师阅读绘本《鳄鱼怕怕，牙医怕怕》，讲述一个关于小动物爱护牙齿的故事，强调刷牙的重要性。

2. 教师示范正确的刷牙方法，包括挤牙膏、刷牙的顺序（从外到内，从上到下）和时间（约两分钟）。

3. 幼儿戴上卡通角色头饰，扮演自己喜欢的小动物，跟着儿歌的节奏一起刷牙。

游戏延伸

鼓励家长与幼儿一起制定刷牙计划，每天早晚监督幼儿刷牙，记录在日历上。

观察建议

1. 幼儿积极参与刷牙活动和角色扮演。

2. 幼儿能正确模仿刷牙动作。

游戏 33：宝宝爱干净

游戏经验

1. 认识保持身体清洁的重要性，了解基本个人卫生习惯。

2. 培养幼儿对清洁卫生的积极态度，享受保持个人整洁的乐趣。

游戏准备

1. 游戏材料：洗手液、毛巾、手偶。

2. 游戏人数：2~4 人。

3. 游戏时长：5 分钟。

4. 游戏地点：洗手池。

游戏方法

1. 教师出示宝宝手脏、脸脏、脚脏等图片，让幼儿找出脏的地方。

2. 向幼儿提问："怎么让宝宝变干净？"鼓励幼儿说出"洗干净"。

3. 教师边唱儿歌边示范正确的洗手方法，包括湿润双手、涂抹洗手液、搓洗双手、冲洗干净和用毛巾擦干。

4. 引导幼儿分组或逐一来到洗手盆前，按照教师的示范进行洗手练习。

游戏延伸

将洗手、洗脸等个人卫生行为融入幼儿的日常活动中，如餐前便后、户外活动后等，形成习惯。

观察建议

1. 幼儿能正确完成洗手的步骤。

2. 幼儿能认识到个人卫生的重要性。

游戏 34：小熊看牙医

1. 了解牙齿的重要性，知道保护牙齿的方法。
2. 学会简单的漱口和刷牙方法。

游戏准备

1. 游戏材料：小熊玩偶、牙齿模型。
2. 游戏人数：3~5 人。
3. 游戏时长：5 分钟。
4. 游戏地点：洗漱区。

游戏方法

1. 教师讲述《小熊拔牙》的故事，通过小熊因吃甜食不刷牙而导致牙疼，最后去看牙医的经历，引出保护牙齿的重要性。

2. 教师扮演牙医，使用牙齿模型，为小熊检查牙齿，并解释牙齿的构造和刷牙的重要性。

3. 设立"小小牙医"环节，让幼儿轮流扮演牙医，为同伴或玩具小熊检查牙齿，并提醒他们保护牙齿的方法。

游戏延伸

组织幼儿参观牙科诊所，了解牙医的工作环境和流程，进一步减少对看牙医的恐惧感。

观察建议

1. 幼儿积极投入角色扮演和实践活动。
2. 幼儿能理解保护牙齿的重要性。

游戏 35：讲卫生

游戏经验

1. 注意个人卫生，在日常生活中养成良好的卫生习惯。

2. 提高幼儿的动手能力和自我服务能力。

游戏准备

1. 游戏材料：洗澡玩具。

2. 游戏人数：5~6 人。

3. 游戏时长：5 分钟。

4. 游戏地点：表演区。

游戏方法

1. 教师以《小猪奴奴》为例，讲述小猪奴奴从不讲卫生到变得爱干净的故事，引导幼儿理解讲卫生的重要性。

2. 播放《我爱洗澡》等歌曲，营造洗澡氛围。

3. 幼儿手持洗澡玩具，在教师的引导下模拟洗澡动作，如洗头、洗脸、洗身体等。

游戏延伸

设立"卫生小卫士"，幼儿轮流担任，负责提醒同伴洗手、保持环境整洁等。

观察建议

1. 幼儿能保持良好的卫生习惯。

2. 幼儿愿意参与集体活动并享受其中。

游戏 36：小熊生病了

游戏经验

1. 了解基本健康知识，促进身体健康发展。

2. 培养同情心和关爱他人的意识。

游戏准备

1. 游戏材料：小熊玩偶、医药箱、食物篮。

2. 游戏人数：2~4 人。

3. 游戏时长：5 分钟。

4. 游戏地点：表演区。

游戏方法

1. 教师讲述故事："小熊生病了，它感到很不舒服，需要我们的帮助。小朋友们，你们愿意成为小熊的好朋友，照顾它吗？"

2. 幼儿自愿或由教师分配角色，如"医生""护士""小熊的朋友"等。

3. "小熊的朋友"负责准备"药品"和"食物"，如用小碗装水给小熊喝，用小勺模拟喂药等。

4. 鼓励幼儿用语言表达对小熊的关心和安慰，如"小熊，你要好好休息""吃了药就会好起来的"。

游戏延伸

鼓励幼儿用语言表达对小熊的关心和安慰，如"小熊，你要好好休息哦""吃了药就会好起来的"。

观察建议

1. 幼儿积极参与游戏，愿意扮演不同角色并投入其中。

2. 幼儿表现出关心和同情，有帮助他人的行为。

劳动与生活

发展目标

- 让幼儿参与简单的家务活动，如擦桌子、摆放餐具等，体会劳动的乐趣，培养勤劳和责任感。
- 建立简单的日常作息表，帮助宝宝理解时间概念。

游戏 1：你好，再见

游戏经验

1. 学习使用"你好"和"再见"两个基本礼貌用语。

2. 培养对他人友好、尊重的态度，增强自信心和独立意识。

游戏准备

1. 游戏材料：动物手偶、绘本。

2. 游戏人数：5~6 人。

3. 游戏时长：5 分钟。

4. 游戏地点：阅读区。

游戏方法

1. 教师出示一个小鸡手偶，向幼儿介绍："今天我们班上来了一位新朋友，它是谁呢？它是小鸡！"

2. 教师利用手偶讲述《有礼貌的小公鸡》，强调小公鸡在遇到不同小动物时使用的礼貌用语"你好"和"再见"。

3. 教师提问并引导幼儿回忆故事内容，如，"小公鸡在河边遇到了谁？它说了什么？"

4. 邀请几位幼儿分别扮演小鸡、小鸭、小狗、小兔等角色，教师扮演小公鸡，进行对话表演，模拟故事中的情节，使用"你好"和"再见"进行交流。

5. 播放《小宝宝有礼貌》等包含礼貌用语的歌曲，引导幼儿跟唱，加深对"你好"和"再见"的理解和应用。

游戏延伸

每天早上和放学时教师应主动引导幼儿互相问好和道别，并在墙报上为孩子盖上小星星的印章。

观察建议

1. 幼儿能正确使用"你好"和"再见"进行交流。

2. 幼儿能主动与同伴交流，使用礼貌用语。

游戏 2：讲礼貌

1.学会基本的礼貌行为，如打招呼、说谢谢、请等。

2.培养尊重和关爱他人的美好品德。

游戏准备

1.游戏材料：礼貌用语图片、绘本。

2.游戏人数：2~4人。

3.游戏时长：5分钟。

4.游戏地点：娃娃家。

游戏方法

1.教师讲述包含礼貌行为的绘本故事，如《小熊请客》或《小猫钓鱼》，引导幼儿理解礼貌行为的重要性。

2.提问幼儿："故事中的小熊/小猫是怎么做的？我们应该怎么做？"鼓励幼儿发表自己的看法。

3.教师展示礼貌用语图片，鼓励幼儿学习礼貌用语。

4.设置不同的游戏情境，如餐厅点菜、医院看病等，引导幼儿使用礼貌用语。

游戏延伸

鼓励幼儿在日常生活中多使用礼貌用语，成人引导并给予正面反馈。

观察建议

1.幼儿能准确、自然地使用礼貌用语。

2.幼儿能友好地与同伴互动。

游戏 3：我不哭了

游戏经验

1. 帮助幼儿认识和理解自己的情绪。

2. 引导幼儿学习有效的情绪调节策略。

游戏准备

1. 游戏材料：情绪卡片、毛绒玩具。

2. 游戏人数：5~6 人。

3. 游戏时长：5~10 分钟。

4. 游戏地点：阅读区。

游戏方法

1. 教师阅读绘本《小熊不哭了》，引导幼儿理解故事中小熊在面对困难时如何控制情绪，最终变得坚强或找到解决问题的方法。

2. 教师出示情绪表情卡片，引导幼儿识别并说出每种情绪的名称，讨论每种情绪可能的原因和感受。

3. 鼓励幼儿分享自己曾经因为什么事情感到难过或想哭，教师给予积极反馈和建议，比如，深呼吸、寻求帮助、转移注意力等。

游戏延伸

在班级设立情绪角，放置安抚玩具、情绪表情卡片等材料，供幼儿在需要时自我安抚或表达情绪。

观察建议

1. 幼儿能准确识别并表达自己的情绪。

2. 幼儿能有效运用所学的情绪调节策略。

游戏 4：宝宝的一天

游戏经验

1. 了解并熟悉学校的一日流程。
2. 帮助幼儿建立初步的规则意识。

游戏准备

1. 游戏材料：一日流程图、生活环节卡片。
2. 游戏人数：3~5 人。
3. 游戏时长：5 分钟。
4. 游戏地点：操作区。

游戏方法

1. 教师讲述故事《宝宝的一天》，引导幼儿讨论在学校的一天会做哪些事。

2. 鼓励幼儿表达每个环节的名称，以及需要做什么，有什么要求。

3. 教师出示各个环节的卡片，让幼儿根据时间对一日流程进行排序。

游戏延伸

鼓励幼儿回家后与家人分享今天"上学"的经历和感受，增进亲子沟通。

观察建议

1. 幼儿了解和熟悉一日流程的各个环节。
2. 幼儿有一定的规则意识。

游戏 5：玩玩具

游戏经验

1. 认识并熟悉班级的玩具，培养爱惜玩具的情感。

2. 建立规则意识，学习礼貌用语。

游戏准备

1. 游戏材料：积木、拼图、串珠等玩具。

2. 游戏人数：5~6 人。

3. 游戏时长：10 分钟。

4. 游戏地点：益智区。

游戏方法

1. 教师介绍本班益智区，简要介绍玩具的名称和玩法。

2. 介绍轮流、交换、不争抢、不放地上、不扔玩具等基本游戏规则。

3. 给予幼儿充分的时间自由探索和操作玩具，观察玩具的特点，尝试不同的玩法。

4. 引导幼儿学习使用"对不起""谢谢""请你和我一起玩""请你等一等，我还要玩""我和你一起玩好吗"等礼貌用语。

5. 游戏结束后，引导幼儿将玩具放回原处，整理好收纳盒或篮子，培养幼儿的整理习惯。

游戏延伸

提供更多种类的积木或材料，鼓励幼儿进行创意搭建，如建造房子、桥梁等。

观察建议

1. 幼儿愿意与同伴分享玩具，能够轮流等待。

2. 幼儿愿意主动收拾和整理玩具。

游戏 6：给玩具洗澡

1. 掌握清洗小玩具的基本方法，理解保持玩具清洁的重要性。

2. 培养爱干净、讲卫生的良好习惯。

游戏准备

1. 游戏材料：水桶、刷子、抹布、清水。

2. 游戏人数：3~4 人。

3. 游戏时长：5 分钟。

4. 游戏地点：水池旁。

游戏方法

1. 教师通过故事或儿歌引入活动，如讲述一个关于玩具脏了需要洗澡的故事，激发幼儿的兴趣。

2. 展示脏玩具和干净玩具的对比，引导幼儿观察并讨论玩具清洁的重要性。

3. 教师示范清洗玩具的步骤：先用清水打湿玩具，用刷子轻轻刷洗，然后用清水冲洗干净。

4. 清洗完毕后，引导幼儿用毛巾擦干玩具，然后放在晾衣架或晾绳上晾晒。

5. 强调保持玩具清洁的重要性，鼓励幼儿在日常生活中也要爱干净、讲卫生。

游戏延伸

引导幼儿关注身边环境的清洁与卫生，可以组织他们参与托育园的清洁活动，如擦拭桌椅、整理图书等。

观察建议

1. 幼儿愿意自己动手清洗玩具。

2. 幼儿掌握了清洗玩具的基本方法。

游戏 7：图书的家

游戏经验

1. 让幼儿认识图书，了解图书的存放和整理方式。

2. 培养幼儿对图书的喜爱和尊重，激发阅读兴趣。

游戏准备

1. 游戏材料：图书、书架。

2. 游戏人数：3~5 人。

3. 游戏时长：5 分钟。

4. 游戏地点：阅读角。

游戏方法

1. 教师展示图书，引导幼儿观察绘本的封面和颜色，激发幼儿的兴趣。

2. 教师提问："你们知道图书的家在哪里吗？"引出幼儿找到班级书架的位置。

3. 教师逐一介绍不同类型的图书，让幼儿了解图书的多样性。

4. 教师示范如何将图书放回图书架或图书箱，强调整理的重要性。

5. 鼓励幼儿在整理好图书后，选择一本自己喜欢的图书进行阅读，阅读后将图书放回书架。

游戏延伸

在班级设立图书漂流区，让幼儿带来自己的图书与大家分享，促进图书的循环利用和交流。

观察建议

1. 幼儿愿意参与图书的整理和阅读。

2. 幼儿能准确地将图书放回书架。

游戏 8：认识班级物品

游戏经验

1. 熟悉班级中的常见物品及其用途，增强对环境的认知。

2. 培养幼儿对班级环境的爱护之情，增强归属感。

游戏准备

1. 游戏材料：玩具、水杯、桌椅、绘本等常见物品。

2. 游戏人数：5~8 人。

3. 游戏时长：5 分钟。

4. 游戏地点：室内。

游戏方法

1. 活动前教师带领幼儿参观自己的活动室，帮助了解班级区域和物品的位置和功能。

2. 教师展示班级中的常见物品，简单介绍其用途。

3. 教师示范如何将物品整理到正确的位置，强调轻拿轻放，避免损坏。

游戏延伸

将整理活动融入幼儿的日常生活中，如餐后自己收拾餐具、午睡后整理床铺等。

观察建议

1. 幼儿能准确说出班级常见物品的名称和用途。

2. 幼儿对整理活动感兴趣，爱护班级环境。

游戏 9：送玩具回家

游戏经验

1. 认识玩具的摆放位置，增强空间认知能力。

2. 培养幼儿自主整理玩具的习惯，提高生活自理能力。

游戏准备

1. 游戏材料：教玩具、收纳筐。

2. 游戏人数：3~5 人。

3. 游戏时长：10 分钟。

4. 游戏地点：室内。

游戏方法

1. 自由活动开始前，教师引导幼儿观察并认识玩具架上的标签，认识玩具的"家"。

2. 教师播放音乐，让幼儿自由活动一段时间。

3. 自由活动结束前，教师说："玩具累了，该回家休息了，我们送它回家好吗？"

4. 幼儿开始寻找自己手中的玩具对应的"家"，将其送回正确的位置。

游戏延伸

将"送玩具回家"作为班级日常活动的一部分，鼓励幼儿在游戏结束后主动整理玩具。

观察建议

1. 幼儿能准确识别玩具的存放位置，并将其送回正确的位置。

2. 幼儿在游戏结束后有收拾和整理的习惯。

游戏 10：看图做动作

游戏经验

1. 观察和识别图片，提高幼儿的视觉认知能力和注意力。

2. 根据图片提示做出相应的动作，锻炼幼儿的身体协调性和反应能力。

游戏准备

1. 游戏材料：幼儿一日生活环节的照片。

2. 游戏人数：5~6 人。

3. 游戏时长：5 分钟。

4. 游戏地点：集中区。

游戏方法

1. 教师或家长将图片展示给幼儿看，逐一介绍图片内容，让幼儿熟悉每张图片所代表的动作。

2. 教师或家长随机出示一张图片，并大声说出图片上的动作名称（如"洗手"），同时做出示范动作。

3. 鼓励幼儿观察图片，并尝试模仿图片上的动作。

游戏延伸

结合图片内容，进行简单的角色扮演游戏，如"我是小厨师""我是爱干净的小宝宝"等，进一步巩固幼儿对日常生活习惯的认识。

观察建议

1. 幼儿能准确识别图片上的内容，理解图片所代表的动作。

2. 幼儿完成动作时的协调、准确、快速。

游戏 11：书包排队

游戏经验

1. 认识书包的基本结构和用途，增强对日常用品的认知。

2. 培养幼儿整理书包的初步能力，学会将物品有序地放入书包。

游戏准备

1. 游戏材料：每人一个书包。

2. 游戏人数：8~10 人。

3. 游戏时长：3~5 分钟。

4. 游戏地点：室内。

游戏方法

1. 教师讲述小猴子喜欢丢三落四，不小心丢了自己的小书包的故事导入，引导幼儿认识自己书包摆放的位置，并能快速找出自己的小书包。

2. 教师展示书包里的物品，认识自己的物品，向幼儿介绍书包的用途。

3. 幼儿把书包放回书包架，提示孩子每天到园时自己把书包放在书包架上。

游戏延伸

家长陪孩子一起整理第二天上学要用的物品放入书包。

观察建议

1. 幼儿认识书包，了解书包的用途。

2. 幼儿能够自己整理书包。

游戏 12：我是小能手

游戏经验

1. 学习并掌握简单的生活自理技能。

2. 培养幼儿良好的生活习惯和初步的自理能力。

游戏准备

1. 游戏材料：娃娃家的多种玩具。

2. 游戏人数：3~5 人。

3. 游戏时长：5 分钟。

4. 游戏地点：娃娃家。

游戏方法

1. 教师以小狗妈妈的角色导入，引导幼儿照顾小狗，收拾和整理小狗的家。

2. 与幼儿讨论："小狗妈妈不在家，我们应该如何照顾小狗？"引导幼儿用语言表达自己的想法。

3. 让幼儿模拟照顾小狗的场景，比如，给小狗做饭、给小狗穿衣服、照顾小狗洗澡、陪小狗玩玩具，等等，结束后收拾和整理小狗的家。

游戏延伸

布置简单的家庭任务给幼儿，如每天自己挑选并穿上鞋子、晚上整理自己的玩具等。

观察建议

1. 幼儿形成良好的生活习惯和自理能力。

2. 幼儿掌握基本的生活自理能力。

游戏 13：穿衣服

游戏经验

1.学习自己穿衣服，掌握穿套头衣服的方法。

2.培养幼儿的生活自理能力，鼓励他们独立完成穿衣动作。

游戏准备

1.游戏材料：套头衣服。

2.游戏人数：3~5 人。

3.游戏时长：5 分钟。

4.游戏地点：娃娃家。

游戏方法

1.教师使用娃娃和衣物进行穿衣示范，边做边讲解穿衣的步骤和注意事项：先找到衣服的"大山洞"，用双手抓牢了，再看看是不是自己的衣服，才开始钻山洞；头要钻进"大山洞"，再从"大山洞"钻出来，两只小手要从两边的"小山洞"钻出来跟大家打招呼。

2.幼儿模仿教师动作，练习穿套头衣服。

游戏延伸

先学习穿无袖的套头衣服再学穿短袖、长袖衣服。

观察建议

1.幼儿能独立穿衣服。

2.幼儿穿衣过程中动作协调。

游戏 14：穿裤子

游戏经验

1.学习穿裤子，提高生活自理能力。

2.辨别裤子的前后、里外，促进幼儿的认知发展。

游戏准备

1.游戏材料：幼儿短裤、娃娃。

2.游戏人数：2~3人。

3.游戏时长：5分钟。

4.游戏地点：娃娃家。

游戏方法

1.教师简单示范穿裤子的步骤，介绍先区分裤子的前后，再把脚伸进去。

2.鼓励幼儿给娃娃穿裤子，再尝试自己穿裤子，教师在一旁给予指导和帮助。

游戏延伸

将穿裤子游戏扩展到穿脱其他衣物的游戏中，如穿鞋子、穿衣服等，全面提升幼儿的生活自理能力。

观察建议

1.幼儿能正确区分裤子的前后、里外。

2.幼儿能独立完成穿裤子的过程。

游戏 15：整理床铺

游戏经验

1. 鼓励幼儿独立完成任务，培养生活自理能力。

2. 学习简单家务劳动，享受劳动的乐趣。

游戏准备

1. 游戏材料：小床，一套儿童床上用品（被套、床单、枕头）。

2. 游戏人数：2~4人。

3. 游戏时长：5分钟。

4. 游戏地点：睡室。

游戏方法

1. 通过讲述小动物或卡通角色整理床铺的故事，引起幼儿的兴趣，并简单介绍整理床铺的重要性。

2. 教师示范如何整理床铺，如将床垫放在小床上、铺上被子、放好枕头。

3. 幼儿在教师的帮助下尝试整理床铺，从简单的放枕头、铺床垫开始，逐渐过渡到叠被子复杂的步骤。

游戏延伸

鼓励家长在日常生活中让幼儿参与床铺的整理工作，形成良好习惯。

观察建议

1. 幼儿能完成简单的整理床铺动作。

2. 幼儿愿意尝试家务劳动。

游戏 16：洗毛巾

游戏经验

1. 认识保持清洁的重要性，培养良好的卫生习惯。

2. 了解简单的清洁过程，培养生活自理能力。

游戏准备

1. 游戏材料：水盆、儿童香皂、毛巾、晾衣架。

2. 游戏人数：2~4 人。

3. 游戏时长：5 分钟。

4. 游戏地点：洗手间。

游戏方法

1. 教师示范如何洗毛巾，包括打湿毛巾、涂抹肥皂、搓洗毛巾和冲洗干净等步骤，边做边用简单的语言讲解。

2. 幼儿模仿教师的动作，尝试自己洗毛巾。

3. 帮助幼儿将搓洗过的毛巾冲洗干净，然后一起放在晾衣架上将毛巾晾晒起来。

游戏延伸

鼓励幼儿在家中参与其他简单的清洁工作，如擦桌子、扫地等，培养他们的劳动意识和责任感。

观察建议

1. 幼儿能完成简单的清洗毛巾的动作。

2. 幼儿愿意参与简单的劳动。

游戏 17：搬椅子

1.正确掌握搬动和摆放椅子的技巧。

2.增强安全意识，避免碰撞或摔倒等危险情况。

游戏准备

1.游戏材料：小椅子。

2.游戏人数：5~6 人。

3.游戏时长：5 分钟。

4.游戏地点：室内。

游戏方法

1.教师扮演小兔妈妈，幼儿扮演小兔子，一起跳着进入课室，发现小椅子散乱放置，引导幼儿思考如何整理。

2.教师带领幼儿学习儿歌《搬椅子》："小椅子，我会搬，两手抓住放胸前。一个挨着一个放，整整齐齐真好看。"

3.教师边唱儿歌边示范正确搬椅子的方法，幼儿尝试自己搬小椅子。

游戏延伸

鼓励家长在日常生活中也让幼儿参与搬椅子等力所能及的家务劳动，共同培养幼儿的自理能力。

观察建议

1.幼儿掌握正确搬椅子的方法。

2.幼儿具有一定的安全意识。

游戏 18：擦桌子

游戏经验

1. 掌握用抹布擦桌子的步骤。
2. 认识保持环境整洁的重要性。

游戏准备

1. 游戏材料：抹布、小水桶。
2. 游戏人数：3~5 人。
3. 游戏时长：5 分钟。
4. 游戏地点：室内。

游戏方法

1. 教师示范如何正确擦桌子，包括如何折叠抹布、如何湿润抹布、擦拭桌面等步骤。

2. 讲解擦桌子的重要性，引导幼儿理解为什么要保持桌面干净。

3. 幼儿每人一块抹布，尝试自己擦桌子。

游戏延伸

鼓励幼儿回家后与家人一起擦桌子，将学到的技能应用到实际生活中。

观察建议

1. 幼儿能正确掌握擦桌子的方法。
2. 幼儿有意愿保持课室环境干净、整洁。

游戏 19：大扫除

1. 认识并熟悉清洁用具的名称、用途及使用方法。

2. 完成简单的清洁任务，培养幼儿的生活自理能力。

游戏准备

1. 游戏材料：小扫把、小拖把、抹布、垃圾桶等清洁工具。

2. 游戏人数：5~6 人。

3. 游戏时长：5~8 分钟。

4. 游戏地点：室内。

游戏方法

1. 教师引导幼儿初步认识小扫把、小拖把、抹布、垃圾桶等清洁工具的名称和使用方法。

2. 鼓励幼儿自选工具清洁桌面或地面、玩具柜等，体验清洁工具的特点。

3. 在清洁过程中，教师需关注幼儿的安全，并适时给予指导和帮助。

4. 清洁结束后，组织幼儿围坐一起，分享自己的劳动过程和感受，表扬他们的努力和成果。

游戏延伸

鼓励幼儿回家后与父母一起参与家务劳动，如擦桌子、扫地、整理玩具等。

观察建议

1. 幼儿愿意参与大扫除的工作。

2. 幼儿会使用简单的清洁工具。

游戏 20：穿袜子

游戏经验

1. 掌握袜子套在脚上的正确步骤，提高生活自理能力。

2. 了解自己的身体部位，如脚趾、脚跟等。

游戏准备

1. 游戏材料：袜子。

2. 游戏人数：5~6 人。

3. 游戏时长：5 分钟。

4. 游戏地点：操作区。

游戏方法

1. 教师或家长先示范如何正确穿袜子，包括如何区分袜子的前后、如何套在脚上并拉至脚跟等步骤。

2. 每位幼儿尝试自己穿袜子。

游戏延伸

将穿袜子与其他生活自理技能（如穿衣、穿鞋等）相结合，培养幼儿全面的生活自理能力。

观察建议

1. 幼儿能顺利穿上袜子。

2. 幼儿能认识自己的脚趾、脚跟等部位。

游戏 21：穿鞋子

游戏经验

1. 掌握区分左右脚、将鞋子正确穿在脚上的方法，提高生活自理能力。

2. 鼓励幼儿自己穿鞋子，培养自我照顾的能力和独立性。

游戏准备

1. 游戏材料：幼儿的鞋子。

2. 游戏人数：5~6 人。

3. 游戏时长：5 分钟。

4. 游戏地点：集中区。

游戏方法

1. 教师展示一双鞋子，引导幼儿观察鞋子的特征，如颜色、图案、鞋带等。

2. 教师示范如何正确穿鞋子，包括如何区分左右脚、如何对准鞋口、如何提拉鞋后跟等步骤。

3. 强调穿鞋子的重要性，如保护脚丫、避免摔倒等。

4. 鼓励幼儿自己穿鞋子，注意区分左右脚。

游戏延伸

将多双鞋子混在一起，让幼儿尝试将左右脚的鞋子配对并穿上。

观察建议

1. 幼儿能正确区分左右脚。

2. 幼儿能顺利将鞋子穿在脚上并调整松紧。

游戏 22：脱上衣

游戏经验

1.掌握脱衣服方法，提高生活自理能力。

2.培养独立性和自我照顾的意识。

游戏准备

1.游戏材料：套头衫（有扣子、拉链或方便脱）。

2.游戏人数：3~5人。

3.游戏时长：5分钟。

4.游戏地点：操作区。

游戏方法

1.教师或家长先示范如何正确脱衣服，根据衣物的不同，如扣子、拉链、套头衫等，分别展示脱衣的步骤和技巧。

2.强调脱衣服时要注意的安全事项，如不要用力拉扯、避免弄伤自己等。

3.幼儿尝试自己脱衣服，遇到困难的地方，可以给予引导和鼓励。

游戏延伸

将不同类型的衣物混在一起，让幼儿尝试将它们分类并正确脱下。

观察建议

1.幼儿能正确脱下衣服。

2.幼儿有自我照顾意识。

371

游戏 23：脱裤子

游戏经验

1. 掌握脱裤子的基本方法，提升生活自理能力。

2. 培养独立性和自我照顾的意识。

游戏准备

1. 游戏材料：幼儿短裤、镜子。

2. 游戏人数：3~5 人。

3. 游戏时长：5 分钟。

4. 游戏地点：操作区。

游戏方法

1. 教师或家长先示范如何正确脱裤子。

2. 幼儿尝试自己脱裤子，教师在一旁观察并提供指导和帮助。

3. 教师强调脱裤子的重要性和自我照顾的必要性。

游戏延伸

家长可以在家中与幼儿进行脱裤子比赛，增加亲子互动的乐趣。

观察建议

1. 幼儿能正确脱下裤子。

2. 幼儿在脱裤子过程中，动作协调。

游戏 24：脱鞋子

游戏经验

1. 掌握脱鞋子的方法。
2. 增强自我照顾的能力。

游戏准备

1. 游戏材料：鞋子、小椅子。
2. 游戏人数：3~5 人。
3. 游戏时长：5 分钟。
4. 游戏地点：集中区。

游戏方法

1. 教师或家长先示范如何正确脱鞋子，如何松开鞋口或直接将鞋子从脚上脱下。

2. 强调脱鞋子时要注意的安全事项，如不要踩到鞋子滑倒、避免将鞋子扔向他人等。

3. 幼儿坐在小椅子上，尝试自己脱鞋子，教师在一旁提供指导和帮助。

游戏延伸

将不同类型的鞋子混在一起，让幼儿尝试将它们分类。

观察建议

1. 幼儿掌握正确脱鞋子的方法。
2. 幼儿愿意自己拖脱鞋，动作协调。

游戏 25：脱袜子

游戏经验

1. 掌握脱袜子的方法。

2. 锻炼幼儿的手部精细动作和脚踝的灵活性。

游戏准备

1. 游戏材料：袜子、小椅子。

2. 游戏人数：4~5 人。

3. 游戏时长：5 分钟。

4. 游戏地点：集中区。

游戏方法

1. 教师示范如何正确脱袜子：轻轻抓住袜口，顺着脚踝向下拉直到完全脱下。

2. 幼儿坐在小椅子上，尝试自己脱袜子，教师在一旁指导和帮助。

3. 对于遇到困难的地方，如袜口太紧、袜子滑落等，给予耐心引导和鼓励。

4. 引导幼儿把脱下的袜子放进鞋子里。

游戏延伸

将不同颜色的袜子混在一起，让幼儿尝试将它们一一配对。

观察建议

1. 幼儿掌握脱袜子的方法。

2. 幼儿愿意自己脱袜子，并将袜子放好。

374

游戏 26：叠毛巾

游戏经验

1. 了解毛巾的作用，学习边对边折叠毛巾的方法。

2. 在叠毛巾过程中培养细心和耐心的品质。

游戏准备

1. 游戏材料：小毛巾。

2. 游戏人数：5~8 人。

3. 游戏时长：5 分钟。

4. 游戏地点：操作区。

游戏方法

1. 教师出示小毛巾，并和幼儿一起观察毛巾的外形，谈谈毛巾对我们生活的作用。

2. 教师示范叠毛巾的步骤：先将毛巾平铺开，然后边对边对折一次，再角对角对折一次，最后形成一个整齐的小方块。

3. 幼儿把自己的毛巾折好，看一看谁叠得整齐。

游戏延伸

鼓励幼儿回家后叠毛巾，将学到的技能应用到日常生活中。

观察建议

1. 幼儿掌握正确叠毛巾的方法。

2. 幼儿叠毛巾时认真专注、有耐心。

游戏 27：吃点心

游戏经验

1. 鼓励幼儿自己取食物，学习使用餐具。

2. 引导幼儿与同伴分享食物，感受分享的乐趣。

游戏准备

1. 游戏材料：点心、水杯、勺子、纸巾。

2. 游戏人数：5~6 人。

3. 游戏时长：5 分钟。

4. 游戏地点：室内。

游戏方法

1. 教师提前将点心和餐具摆放在桌上，让每位幼儿方便取用。

2. 教师示范如何使用餐具吃点心，强调用餐礼仪，如坐姿端正、细嚼慢咽、不浪费食物等。

3. 鼓励幼儿自己取用点心，使用餐具进食。

4. 引导幼儿与同伴分享自己的点心，说一说点心的味道、颜色等，增进彼此间的交流和了解。

5. 用餐结束后，引导幼儿将餐具放回原位，用湿巾或纸巾擦手，培养良好的卫生习惯。

游戏延伸

组织幼儿参与简单的食物制作过程，如制作水果沙拉、小饼干等，增加活动的趣味性和实践性。

观察建议

1. 幼儿能正确使用餐具，遵守用餐礼仪。

2. 幼儿愿意与同伴分享食物。

游戏 28：洗手

游戏经验

1. 学习正确洗手的方法，保持手部清洁卫生。

2. 培养良好的卫生习惯。

游戏准备

1. 游戏材料：洗手液、毛巾、洗手步骤图。

2. 游戏人数：2~4 人。

3. 游戏时长：5 分钟。

4. 游戏地点：洗手间。

游戏方法

1. 教师示范正确的洗手步骤，如湿手，涂肥皂，搓洗手指、手背、指缝、手腕等，然后用流动水冲洗干净，最后用毛巾擦干手。

2. 将洗手步骤图贴在洗手池旁，幼儿排队轮流到洗手池旁，按照示范的步骤自己洗手。

3. 在洗手过程中播放洗手儿歌或歌曲，引导幼儿边唱边做，增加活动的趣味性和记忆点。

游戏延伸

在日常生活环节注意观察幼儿的洗手方法是否正确。

观察建议

1. 幼儿掌握正确的洗手步骤。

2. 幼儿知道在饭前便后与手脏时主动洗手。

游戏 29：漱口

游戏经验

1. 掌握漱口的基本步骤，清洁口腔，保持口腔健康。

2. 认识到保持口腔清洁的重要性，养成饭后漱口的好习惯。

游戏准备

1. 游戏材料：漱口杯。

2. 游戏人数：3~5 人。

3. 游戏时长：3 分钟。

4. 游戏地点：洗手间。

游戏方法

1. 教师示范正确的漱口步骤：拿起漱口杯，倒入适量的清水，低头含一口水在口中，鼓腮漱口，让水在口腔内充分流动，清洁牙齿和口腔，然后抬头将水吐出。重复几次，直到口腔感觉清爽。

2. 幼儿排队轮流到洗漱区，按照示范的步骤自己漱口。教师在一旁观察，适时给予指导和帮助。

游戏延伸

设置角色扮演游戏，让幼儿扮演口腔健康小卫士，通过游戏了解口腔健康知识，并传播给其他人。

观察建议

1. 幼儿掌握正确漱口的步骤。

2. 幼儿养成饭后漱口的好习惯。

游戏 30：上厕所

游戏经验

1.熟悉班级的洗手间，学习自己如厕。

2.学会自己上厕所的基本步骤。

游戏准备

1.游戏材料：上厕所步骤图、垃圾桶、纸巾、洗手液、毛巾。

2.游戏人数：2~3 人。

3.游戏时长：3 分钟。

4.游戏地点：洗手间。

游戏方法

1.教师示范上厕所的过程，包括脱裤子、坐马桶、穿裤子等步骤。

2.带幼儿认识洗手间的位置，尝试让幼儿自己上厕所，教师在一旁给予指导。

3.引导幼儿在上完厕所后使用洗手液洗手，并擦干手，养成良好的卫生习惯。

游戏延伸

鼓励家长在家中也按照相同的方法引导幼儿上厕所，保持教育的一致性。

观察建议

1.幼儿能自己独立上厕所。

2.幼儿在上厕所后主动洗手，注意个人卫生。

游戏 31：洗脸

游戏经验

1.学习洗脸的方法，注意保持脸的干净。

2.熟悉洗脸的基本步骤，了解保持面部清洁的重要性。

游戏准备

1.游戏材料：小毛巾、洗脸盆、毛绒玩具。

2.游戏人数：2~3 人。

3.游戏时长：5 分钟。

4.游戏地点：洗手间。

游戏方法

1.教师使用毛绒玩具，示范洗脸的正确步骤，如打湿毛巾、擦拭眼睛、鼻子、嘴巴、脸颊等。

2.幼儿轮流上前，使用小毛巾给毛绒玩具练习洗脸。

3.给幼儿一个洗脸盆和毛巾，尝试自己洗脸。

游戏延伸

引导幼儿根据洗脸的步骤，创编一首简单的洗脸歌，边唱边做动作，增加洗脸的趣味性和记忆点。

观察建议

1.幼儿能理解洗脸的重要性。

2.幼儿掌握洗脸的基本步骤。

游戏 32：擦鼻涕

游戏经验

1. 学习擦鼻涕的正确方法，注意个人卫生。

2. 培养幼儿良好的个人卫生习惯，增强自我照顾的能力。

游戏准备

1. 游戏材料：纸巾、垃圾桶。

2. 游戏人数：2~4 人。

3. 游戏时长：5 分钟。

4. 游戏地点：教室。

游戏方法

1. 教师示范正确的擦鼻涕方法：用纸巾包住鼻子，用大拇指和食指捏住鼻子轻轻地把鼻涕擦掉。强调不要用力过猛，以免伤害鼻子。

2. 让幼儿尝试用纸巾擦鼻子，将擦完的纸巾丢进垃圾桶。

游戏延伸

日常生活要注意引导幼儿养成讲卫生的习惯。

观察建议

1. 幼儿擦鼻涕动作准确、轻柔。

2. 幼儿能主动将纸巾丢进垃圾桶。

游戏 33：宝宝放学了

游戏经验

游戏经验

1. 了解放学后的日常活动流程，如整理书包、洗手、换鞋等。

2. 培养幼儿的生活自理能力，如简单整理物品、独立完成洗手等动作。

游戏准备

1. 游戏材料：小书包、鞋子。

2. 游戏人数：5~6 人。

3. 游戏时长：5 分钟。

4. 游戏地点：室内。

游戏方法

1. 通过展示一日流程图片，向幼儿介绍放学后的常规活动，如整理书包、洗手、回家等，激发幼儿的兴趣。

2. 在教师指导下，幼儿按照放学流程进行操作，如整理书包、洗手、换鞋等。

游戏延伸

鼓励幼儿回家后整理自己的玩具、帮助家人做简单的家务等。

观察建议

1. 幼儿熟悉放学的活动流程。

2. 幼儿有独立自主完成任务的能力。

游戏 34：宝宝睡觉了

游戏经验

1. 培养良好的午睡习惯，知道午睡的正确方式。

2. 熟悉午睡前的准备活动，学习安静地自主入睡。

游戏准备

1. 游戏材料：睡衣、枕头、睡床。

2. 游戏人数：8~10 人。

3. 游戏时长：10 分钟。

4. 游戏地点：睡房。

游戏方法

1. 教师和幼儿来到午睡的地方，让幼儿辨认自己的小枕头和睡床的位置。

2. 幼儿做好午睡前的准备活动，如换睡衣和拖鞋、上厕所等。

3. 幼儿找到自己的小床后，教师帮助和引导幼儿调整正确的睡姿。

4. 教师播放舒缓的音乐或睡前故事，培养幼儿自主入睡的习惯。

游戏延伸

鼓励家长在家中建立固定的睡前仪式，如洗漱、换睡衣、讲故事等，帮助幼儿形成规律的睡眠习惯。

观察建议

1. 幼儿有良好的午睡习惯。

2. 幼儿能安静地自主入睡。

游戏 35：宝宝起床了

1. 了解起床后的基本活动流程，如穿衣、洗漱等。

2. 培养幼儿的生活自理能力，如尝试自己穿衣、洗手洗脸等。

游戏准备

1. 游戏材料：更换衣物、小毛巾、小床。

2. 游戏人数：5~6 人。

3. 游戏时长：5 分钟。

4. 游戏地点：睡房。

游戏方法

1. 午睡起床时，教师播放起床铃声或轻快的音乐提醒幼儿起床。

2. 鼓励幼儿完成换衣服、上厕所、洗手等起床活动。

3. 完成起床活动后，引导幼儿收拾和整理自己袜子、鞋子、衣服等物品。

游戏延伸

帮助幼儿逐渐养成每天早睡早起的好习惯。

观察建议

1. 幼儿知道起床后的基本活动流程。

2. 幼儿有生活自理能力。

游戏 36：健康饮食

游戏经验

1. 认识不同种类的健康食物，如蔬菜、水果、谷物等。

2. 激发幼儿对健康饮食的兴趣，养成良好的饮食习惯。

游戏准备

1. 游戏材料：健康食物的模型或图片，如胡萝卜、苹果、香蕉、面条等。

2. 游戏人数：3~5 人。

3. 游戏时长：5 分钟。

4. 游戏地点：操作区。

游戏方法

1. 教师讲述一个关于健康饮食的趣味故事，让幼儿在故事中学习健康饮食的重要性。

2. 教师展示食物模型或图片，向幼儿介绍各种健康食物，并简单说明它们对身体的好处。

3. 让幼儿亲手摸一摸、闻一闻甚至尝一尝真实的健康食物，感受食物的多样性和美味。

游戏延伸

家长可以带幼儿认识家里的厨房，介绍厨具和食材，让幼儿在安全的环境下了解食物的烹饪过程。

观察建议

1. 幼儿认识并能说出健康食物的名称。

2. 幼儿理解健康食物对身体有益，喜欢吃健康食物。